客户沟通技巧
KEHU GOUTONG JIQIAO

沟通是技巧　沟通是艺术

华　婷　刘艳桃 ◎ 编著

·广州·

版权所有 翻印必究

图书在版编目（CIP）数据

客户沟通技巧/华婷，刘艳桃编著. —广州：中山大学出版社，2013.10
ISBN 978-7-306-04682-6

Ⅰ. ①客⋯ Ⅱ. ①华⋯ ②刘⋯ Ⅲ. ①企业管理—销售管理 Ⅳ. ①F274

中国版本图书馆 CIP 数据核字（2013）第 205770 号

出版人：徐 劲
策划编辑：金继伟
责任编辑：曾育林
封面设计：曾 斌
责任校对：陈 霞
责任技编：黄少伟
出版发行：中山大学出版社
电　　话：编辑部 020-84111996，84113349，84111997，84110779
　　　　　发行部 020-84111998，84111981，84111160
地　　址：广州市新港西路 135 号
邮　　编：510275　传　真：020-84036565
网　　址：http://www.zsup.com.cn　E-mail：zdcbs@mail.sysu.edu.cn
印 刷 者：广州市友盛彩印有限公司
规　　格：787mm×1092mm　1/16　11.5 印张　226 千字
版次印次：2013 年 10 月第 1 版　2020 年 9 月第 4 次印刷
定　　价：30.00 元

如发现本书因印装质量影响阅读，请与出版社发行部联系调换

前　　言

沟通是人际交往中非常重要的一项内容，沟通技巧对于提高沟通的有效性具有重大的意义和作用。无论是在校园还是社会总免不了和人打交道，而与他人交往需要良好的沟通能力。因此，学习"客户沟通技巧"课程，提高沟通能力，不仅是高职院校素质教育的主要内容之一，也是从事实际工作的需要。

本书以人际交往为背景，以职业技能的要求为参照，分为认知自我、认知客户、说的艺术、听的艺术、问的艺术、客户心理分析、客户需求分析、客户目标实现障碍分析、获得客户信任、客户购买信号识别、促进成交技巧十一个学习模块，便于读者更好地了解和掌握客户沟通技巧和要领。

在以客户为导向的时代，与客户有良好的沟通是营销成功的关键。本书以认识自己为开端，带领学员认知客户自身的特点以及学习如何与顾客沟通以促进成交。在每个学习模块中插进了一些小案例和趣味性的延伸阅读来加深读者对关键知识与技能的了解。有些模块还安排了小游戏来帮助读者在活动中找出客户沟通中需要注意的问题，以提高读者解决实际问题的能力。

本书参考了"百度文库"和一些文献及专著中的一些案例和观点，并作了一些改动，部分已在参考文献中列出，其他的书中不再一一标注。在此一并致谢！

最后，希望广大读者朋友喜欢本书并能从本书中学有所获！

编者
2013 年 7 月

目 录

1 认知自我 ·· 1
   1.1 你认识自己吗 ·· 4
   1.2 自我认识的重要性 ·· 6
   1.3 自我感知 ·· 6
   1.4 自我概念 ·· 7
   1.5 自我认知 ·· 8
   1.6 如何认知自己 ·· 11
   1.7 认知自我的作用 ·· 14

2 认知客户 ·· 17
   2.1 你认识你的客户吗 ·· 20
   2.2 客户的概念 ·· 20
   2.3 认知客户的重要性 ·· 23
   2.4 客户的类型 ·· 26

3 说的艺术 ·· 35
   3.1 你能说清楚你想说的吗 ·· 37
   3.2 说话的步骤 ·· 38
   3.3 说话的艺术 ·· 44

4 听的艺术 ·· 49
   4.1 会说的，就一定会听吗 ·· 51
   4.2 你真的听懂了吗 ·· 52
   4.3 学会如何倾听 ·· 52

5 问的艺术 ·· 67
   5.1 你学会问了吗 ·· 70
   5.2 提问在沟通中有何用 ·· 70
   5.3 提问的类型 ·· 73
   5.4 客户沟通的提问技巧 ·· 76

6 客户心理分析 ... 83
- 6.1 客户购买动机 ... 85
- 6.2 客户需求倾向 ... 86
- 6.3 了解客户心理的途径 ... 90
- 6.4 客户购买心理分析 ... 92
- 6.5 客户消费心理阶段 ... 94

7 客户需求分析 ... 99
- 7.1 客户需要什么 ... 101
- 7.2 客户的需求 ... 101
- 7.3 如何识别客户需求 ... 103
- 7.4 如何打动客户 ... 105
- 7.5 如何接待客户 ... 106

8 客户目标实现障碍分析 ... 113
- 8.1 客户目标实现障碍来源 ... 115
- 8.2 如何克服客户目标实现障碍 ... 120

9 获得客户信任 ... 127
- 9.1 什么是信任 ... 129
- 9.2 客户为什么要信任你 ... 130
- 9.3 如何与客户建立长期信任关系 ... 133

10 客户购买信号识别 ... 149
- 10.1 客户购买需求的判别 ... 152
- 10.2 购买信号 ... 152
- 10.3 如何有效识别购买信号 ... 153

11 促进成交技巧 ... 159
- 11.1 到嘴的鸭子会飞吗 ... 163
- 11.2 如何抓住到嘴的鸭子 ... 167

后记 ... 176

参考文献 ... 177

① 认知自我

"知己知彼,百战不殆。"

❶ 认知自我

➡ 认知自我游戏

游戏说明：
学员通过写自我评价来认识自己，同时将自我评价与他人对自己的评价作比较。从而认知自我。

游戏目标：
让学员在游戏中用心去感悟"他人眼中的自我"，认识真实的自我。

指导方法：
(1) 游戏需要的材料：
✧ 游戏表（表1-1）；
✧ 便签。
(2) 游戏场地：
✧ 教室或培训室。
(3) 游戏规则：
✧ 每位学员*领取游戏表1份、便签多份。
✧ 每位学员在游戏表第一栏填上真实的自我评价。
✧ 在便签上写上你最想评价的人的特点（优点或缺点均可）。
✧ 将写好的评价贴到被评价者背后。
✧ 每位学员把自己背后的评价便签取下来贴在"自我认知表"的"他人评价粘贴处"。
✧ 根据自我评价内容和他人的评价，写出自己的游戏感悟。
(4) 游戏时间：30～45分钟。
✧ 如果时间充裕，可以让学员发表自己的感悟。

表1-1 自我认知表（样表）

姓名：　　　　　　所在小组：

自我评价：

---

* 本书将所有参与学习的对象一律称为"学员"，下同。

续表1-1

他人评价粘贴处：
感悟：

1.1 你认识自己吗

每当我第一次问我的学员："你认识自己吗？"他们都会自信的告诉我，"当然！"他们当中的有些人甚至哄堂大笑的反问我："您觉得有谁不认识自己呢？"我不置可否，于是让大家先玩一个游戏——自我认识游戏。

很多人很快完成了"自我评价栏"，5分钟内基本上所有人都能够完成"自我评价"。而对他人的评价部分一般需要思考的时间更多些。当每位学员把自己背后的评价全部取下来并粘贴到"他人评价粘贴处"之后，不少人开始大呼"我怎么是那样的呢?！"、"自我评价中的我才是真正的我！"……因为很多人的自我评价和他人评价之间存在着很大的出入，让他们一下子难以接受。

"认识你自己"，这是写在古希腊阿波罗庙宇上的一句神对人的忠告，曾被当时的哲学界认为代表了人类的最高成就；我国春秋战国时期的军事家孙武提出"知己知彼，百战不殆"；道家创始人老子认为"知人者智，自知者明"。古代的智者早就告诫我们"认识自己"是一件多么重要的事情。那么，是什么因素妨碍人对自我的了解呢？

1.1.1 受欲望性质的制约

在人的欲望之中，有合理的和不合理的，有能实现的和不能实现的，有合法的和不合法的。如果一个人的欲望太高、太不切实际，那么它就会"利令智昏"，就会忘乎所以，迷失自我，什么合理与不合理、合法与不合法的，统统都被扔到一边。因此，要能真正了解自己就得从压制、去除自己不切实际的欲望开始，建立适合自己的抱负水准，当一个人学会不好骛远时，就能了解自己了。

1.1.2 受生活经验的影响

当一个人的生活圈子过于窄小时，他的认识水平会比较低下，认识事物比较简单，他所知道的、所评价的，只是他自己周围的东西，就会觉得世界不过如此大，这样一来，其自我意识就会突然膨胀起来，产生种种错觉，也就不能真正了解自己。因此，要想真正了解自己就得扩大自己的生活圈，多交一些知心朋友，多摄取一些新鲜事物，生活经验丰富了，视野扩大了，知识增多了，才会知道人外有人，天外有天，才可能避免固执己见。

1.1.3 受个人思想方法的影响

真正了解自己实际上就是一个思想方法的问题，而它并非是短时期就能形成的，它需要个体大量的挫折、失败的考验，需要个体对这些挫折、失败进行认真的反思。所以，要想真正了解自己就得从改变自己的思想方法着手。一般来说，人在遭受失败或挫折时，对自己总会产生一种"偏好的原谅倾向"，总将责任归之于他人，归之于客观，因而不能做到实事求是，为此，一定要做到冷静、客观。多从结果上检查自己，多从主观上寻找原因，只有这样才能真正做到"失败是成功之母"，才能真正了解自己。

1.1.4 受修养水平的制约

一般而言，有修养的人品德高尚，行为举止比较符合社会道德规范，对他人宽容厚道，对自己要求比较严格，能经常反思自己，绝不会盲目与他人攀比，因为他们知道自己不是因为他人的存在而生活下去的，因而也就能正确地了解自己；此外，有修养的人其人际关系比较好，不仅能从他人那里得到关于自己的评价，而且能及时地知道自己的缺点、弱点和不足，以便随时改进，较好地了解自己。

了解自己，这是一个人一生的课题。每个人都在不断的成长变化，经历和收获的经验因人而异。也许在某一段时间我们想追求自由的生活，但过了一段时间，我们又会重新思考什么样的自由适合自己。因此，对每个人来说，要做到真正了解自己是很不容易的，需要一辈子的努力。

1.2　自我认识的重要性

为了让大家能够正确地理解认识自己的重要性，请大家认真阅读下面的案例。

【案例1.1】 爸爸带着儿子毛毛去叔叔家做客。叔叔热情地招待他们入座后，端上了花花绿绿的糖："毛毛，吃糖。"毛毛口水都快流出来了，但是他没有动手。最后，还是叔叔抓了糖塞在毛毛的兜里。在爸爸的眼里，毛毛并不是一个见人发怵的孩子。但今天的行为确实有点不好理解。于是，在回家的路上，爸爸问毛毛："今天在叔叔家，如果你实在想吃，就自己抓；如果不想吃就说声谢谢，干吗那个样子啊？"毛毛老实的回答爸爸说："我的手太小，抓的糖太少，叔叔手大，还是让他抓比较好！"

思考　这个案例给你什么启示？

案例1.1中的孩子毛毛非常清楚自己的短处——手小，因此他就想办法巧妙地避开自己的短处，从而为自己争取到最大的利益。

在与客户沟通的过程中，我们不仅要清楚地知道自己的长处在哪里，要尽可能地发挥自己的长处，巧妙避开自己的短处，客户沟通中只有扬长避短才有可能取得成功。

1.3　自我感知

自我感知是人的一种本能，本能地对周围环境做出提前的感应。自我感知能力就是自己认识自己的能力，表现为对自己的认识、对自己的控制和对自己的反馈。那么我们在多大程度上意识到自己的存在呢？

1.3.1　社会环境与自我感知

社会环境包括文化、种族、性别群体、城乡差异等。人们在不同的社会环境中感知自己与他人的不同。电视剧《北京人在纽约》就是一个经典的关于黄种人在白种人世界中奋斗与挣扎的生存故事。美国人在非洲更多的感知是一种优越感，而非洲人在美国更多的感知是一种自卑感；农村长大的人在城市感知的是一种拘谨与不安，农村长大的人在乡村感知的是一种自豪和安全感。社会环境的不同，让我们能够更加深刻地感知到自我的存在。

1.3.2 利益、责任与自我感知

自利与利益可以激发并强化人的自我感知。例如，在涉及利益分配、责任分担时，个体很多的自我意识立刻觉醒；感情关系破裂的时候，自我意识强的人倾向于推卸责任而非自责；当工作顺利、家庭和睦的时候，人们倾向于高自我评估；为了功名和奖金，有权力、有权威的人有意抹杀他人功劳，高估自己的贡献；为了给他人留下好的印象、获得好感，人们倾向于关注自我。

1.3.3 角色集合与自我感知

人们通过社会关系网络和社会角色集合来进行自我界定。在多变的关系和角色集合中，人们对自我的感知和判断会觉醒、提高。例如，同朋友在一起，"我"是一个值得信赖的、可以谈天说地的伙伴；同上司在一起，"我"是一位好助手、好帮手，值得托付工作的下属；同老师在一起，"我"是一位好学、有进取心的学生；同父母在一起，"我"是一位孝顺、善良的孩子。

1.4 自我概念

自我概念是个体对自我存在的感知和评价，人们通过对自己内在和外在的特征以及他人对自己反应的感知与体验而形成的自我认知和评价，是个体在与其心理社会环境相互作用过程中形成的动态的、评价性的自我肖像。自我概念要明确的一个问题就是"我是谁？"

要想确定"我"是谁，一个最简单的方法就是和自己对话。经常问自己四个问题并认真思考答案："我是怎样的一个人？"、"我最喜欢什么、最讨厌什么？"、"我了解自己的感觉吗？"、"我希望未来成为怎样的人？"。

如果你还是很难清楚地知道"我"是谁？那就可以做如表1-2所示的心灵游戏。

如果你想认识自己更多一些，"特征"这一栏的指标尽量的多写一些，而对于每一个指标下的各种"我"要尽量多的写出答案。指标越多、答案越详细，越有利于我们看清楚"我"到底是谁。我们对世界、对社会、对他人的理解、判断和解释，我们对世界的构想、创造、反应和行动，都取决于我们自己。我们自己未来的面貌也取决于我们今天的自我判断和自我要求。

表1-2 "我"是怎样的一个人

"我" 特征	真实的"我"	理想的"我"	别人眼中的"我"
身高			
体重			
相貌			
出身阶层			
文化程度			
性别			
性格			
人际关系			
职业			
家庭			
爱好			
理想抱负			
……			

1.5 自我认知

自我认知是个体对自己所有特征认知的集合,包括个体对自己的社会角色、性格、能力、身体等方面的认识。自我认识是自我认知中的认知成分,包括自我感觉、自我观察、自我观念、自我分析和自我评价;自我体验是自我认知的情感成分,包括自尊、自信、自卑和自我效能感;自我调控是自我认知的意志成分,包括自我监督、自我控制和自我完善等。

1.5.1 自我认知的形成方式

自我认知的形成方式可以分为他人的评价和自我的反省。

他人的评价包括他人的反馈和反射性评价。他人的反馈:他人的反馈是个体形成自我认识的一个非常重要的途径方式,特别是当大部分人对自己的看法一致时,我们自己就会相信这种看法,并进一步修正自己的原有认知。

反射性评价:反射性评价主要是指从他人对我们的态度(如冷淡、瞧不起等)及反应(如拒绝等)来了解自己。符号互动论学者Cooley(1902)提出了"looking-glass self"(镜中我)这一概念,认为我们感知自己就像别人感知我们一样,镜子中的"我"或别人眼中的"我"就是我们感知的对象。"镜中我"指出别人的行为就是我们"自我"的一面镜子，要想认识自己，就一定要通过与别人的交往才能实现。

自我反省其实是一种自我学习能力。自我反省，是自我认识错误、自我改正错误的前提。自我反省的过程就是自我学习的过程。有无自我反省的能力、是否具备自我反省的精神，决定了个体能否认识到自己所犯的错误，能否改正自己所犯的错误，是否能够不断地学到新东西。自我反省，就是自我学习、自我分析、自我锻炼的一个过程。

反省才不会让人在忙碌的生活中迷失自我，每天反省能够修正为人处世的方法，更加明确前进的方向。古贤圣人中就有很多提倡自我反省的例子：

荀子在《劝学》中写道："故木受绳则直，金就砺则利，君子博学而日参省乎己，则知明而行无过矣。"荀子认为，君子要广泛的学习，并且每天不断地检查反省自己，这样就会使自己变得聪明机智，为人处世也就不容易出现错误。

《论语》中曾子曰："吾日三省吾身，为人谋而不忠乎？与朋友交而不信乎？传而不习乎？"强调每天从帮人办事是否尽心尽力，和朋友交往是否诚实可信，学习了他人传授的知识是否温习了等方面不断反省和改进自我。

在自我反省的过程中，我们可以更好地了解自己的行为是否正确，能力是否有所提高。通过自我反省，我们可以认识到自己的长处与短处，在扬长避短中不断提升自己。

1.5.2 自我认知的内容

自我认知的内容包括生理自我、心理自我、社会自我三个方面。

生理自我是个体如何看自己身体的层面，包括性别、身体素质等。例如，人在三岁以前，对自己的认识是以躯体为主。又如，在晃动双手与抚触的过程中会察觉到手是自己的一部分，看着地上的球被脚踢开了解到了自己的身体对外在环境的影响力，慢慢地对于别人叫自己的名字会有反应，看到自己镜中的长相也会知道那就是自己，等等，都是生理自我逐渐成熟的证明。

心理自我是个体态度、信念、价值观念及人格特征的总和，是个体如何看待自己心理世界的层面，包括价值观、兴趣、性格、能力等。因此，要了解心理的自我，就要明确自己的价值观，了解自己的兴趣所在、性格特点以及职业能力。

价值观是指个人对客观事物及对自己行为结果的意义、作用、效果和重要性的总体评价。价值观是人用于区分好坏，分辨是非及重要性的心理倾向体系，它反映人对客观事物的是非及重要性的评价。所以，价值观对人们的自身行为的定向和调节起着非常重要的作用。它决定人的自我认识，直接影响和决定一个人的理念、信念、生活目标和追求方向的性质。健康、成就、权利、家庭、爱、自主、美感等是人的几种重要的价值观。

兴趣是人对事物的特殊的认识倾向，该认识倾向是当以个体的特定活动、事物的特征为对象时，所产生的情绪紧张状态，即满意的情绪色彩和向往心情。由于兴趣决定了个人积极探索事物的认识倾向，因而为行动和认知提供了动力，使其对感兴趣的事物优先注意，反映出独特的向往意识。兴趣在比较稳定的条件下，能持续很长时间。

人人都有这样的经历：做自己感兴趣的事情会满腔热情、乐此不疲，在体验到愉快感、价值感中找到生命的意义，所以一个人能做自己感兴趣的事和喜欢做的事是一种幸福。

兴趣和爱好在职业指导和咨询以及人才测评中的意义和价值很大，它可以激发人的积极性和能动性，使人能够创造性地完成自己感兴趣的工作。一个人能否在从事的职业和工作上获得成功，与他对这种职业本身的兴趣大小有很大的关系。虽然兴趣并非事业成功的唯一条件或决定因素，但如果一个人对一种职业或工作完全不感兴趣，则很难在这一行有所建树。

性格是个性心理即非智力因素的核心部分。它决定着个体活动的性质和方向，反映一个独特的处事态度和行为方式，是个人区别于他人的最主要的标志。

性格作为个体个性的核心部分，对生活有重要的影响。如果我们了解自己性格的优缺点，并针对做一些训练改掉致命的缺点，会生活得更开心。

社会上任何一种职业对工作者的能力都有一定的要求，如从事会计、出纳、统计职业的工作者必须要有较强的计算能力；从事工程、建筑及服装设计职业的工作者要具备空间判断能力；飞行员、外科医生、运动员等职业的工作者则要具备眼和手的协调能力。

了解自己的职业能力有助于找到适合自己的工作，让自己能够在工作中发挥所长，从而走向成功。

社会自我是处于社会关系、社会身份、社会资格中的自我，即个体扮演的社会角色，是社会如何看待个体并被个体意识到的层面，包括自己的生活角色，在生活中的责任、义务、名誉，以及他人对自己的态度，等等。

1.5.3 认知方式的差异

认知方式的差异包括场独立性与场依存性、沉思型与冲动型、系统型与同时型。

场独立性是指很容易地将一个知觉目标从它的背景中隔离出来的能力；场独立性的人对客观事物作判断时，倾向于利用自己内部的参照，不易受外来因素影响和干扰，在认知方面独立于周围的背景，倾向于在更抽象和分析的水平上加工，独立对事物作出判断。场独立性的人不太依赖于外界环境。

场依存性是指将一个知觉目标从它的背景中分离出来感到困难的知觉特点。通常场依存性的人较多地依赖外在参照知觉事物，或者难以摆脱环境因素的影响和干扰。他们的态度和自我知觉更易受周围的人的影响，善于察言观色，注意并记忆言语信息中的社会内容。

沉思型是指对问题的解答速度较慢但错误较少的类型，其特点是反应慢，但精确性高。这种类型的人总是把问题考虑周全以后，再作反应，他们看重的是解决问题的质量，而不是速度。但是，当他们回答熟悉的比较简单的问题时，反应是比较快的。在回答比较复杂的问题时，沉思型的特点表现得更为明显。沉思型的人的信息加工策略多采用细节性加工方式，所以他们在完成需要对细节做分析的任务时更有优势。

冲动型指对问题解答速度较快但错误较多的一种类型。冲动型的特点是反应快，但精确性低。冲动型的人会出现阅读困难，因为阅读、推理需要细心分辨，粗心大意的人会处于不利地位。例如，冲动型的人面对问题时总是急于求成，不能全面细致地分析问题的各种可能性，不管正确与否都急于表达出来，甚至有时还没弄清问题的要求，就开始对问题进行解答。他们的信息加工策略使用的多是整体加工方式，在完成需要做整体解释任务时，能力会更强。

系统性的人对问题的解决喜欢一步步地分析问题、作出假设、推导结果，是女性比较擅长的认知方式，这种类型的人记忆能力和语言功能都比较好。

同时型的人对问题的解决喜欢考虑多种方法，能兼顾到各种可能性。

1.6 如何认知自己

1.6.1 自我认知的方法

（1）自我认知的有效方法有比较法、观察法、成果分析法、交流法。

比较法是自我认知的一种方法，有的人往往将自己的长处与别人的短处相比较，或是与各方面都劣于自己的人相比较，结果越比越自傲；有的人往往以自己的短处与别人的长处相比较，或是与各方面都优于自己的人相比较，结果越比越自卑。正确的比较应是双向比较，既与比自己优秀的人比，也与比自己差或相似的人比。比较时不能就事论事，不能以偏概全，不能以某一时、某一事作为唯一的衡量标准，应进行全方位的比较。

（2）观察法是从他人对自己的态度中看清自己。他人对自己的态度犹如一面可观察自己的镜子，有利于跳出自我防卫的圈子。借助他人对自己的态度来认识自己，首要的前提是要与他人保持比较正常的人际关系，只有在这样的人际关系中，我们才能从他人对自己的态度中获得有益的自我认识。如果他人对自己存在成见或者关系非常特别，有可能他人对自己的态度反应由于情感因素的影响而不够客观，以此来认识自己就会产生一定的偏差，这时就需要我们有清醒的头脑，能够对自己进行更客观的认识。

（3）成果分析法，即借活动成果认识自己。从事多方面活动，可以充分发挥聪明才智，正确分析自己的活动成果，有利于我们客观地认识自己的才能和个性特点，发挥长处，弥补短处。例如，自己作为班干部，在班级活动组织中出了一点漏洞，从中可以认识到自己可能还有些需要改进的工作方法；在考试中成绩不够理想，说明自己的学习方法可能还不得当；等等。借助活动成果分析时，我们要有正确的归因方式，在成功和失败时要多做可以改变的、不稳定因素的归因，也就是要多把自己的成功和失败归因于自己是否努力，只有这样才可能使自己的行为产生更大的动力。无论成功还是失败，都要冷静分析成功原因或者失败教训，只有这样才可能不断提高自己，以便使自己在下次活动中取得成功、避免失败。

（4）交流法，即通过与他人交流认识自己。运用这种方法的关键在于如实表现自己，坦率地征求他人对自己的看法，有过则改。在交流中，由于交流双方对交流的期望认识不同，因而对交流者自我意识确立的作用也不同。通常有以下四种情况：其一，自己和别人都认识到的（优点或缺点），有利于形成正确的自我意识；其二，别人未认识到而自己认识到的，较易形成肯定的自我意识；其三，别人已认识到自己未认识到的，这时自我意识确立的情况要视其对交流者信任度的不同而不同，与自己信任的人交流较易形成自我意识；反之，则较难形成正确的自我意识；其四，若自己和别人都未认识到，则难以形成正确的自我意识。

1.6.2 自我认知的艺术

自我认知是一门艺术，要学会理性地审视自己动机的策略，使内外部动机统一平衡，静心思考自我，给自己定位，听取意见时善于取其精华去其糟粕。

内部动机是由于个人原因产生的行为；外部动机是为获得奖赏产生的行为（动机来源是行动的结果）。

在自我认知的过程中既要学会通过对自我行为的思考来反省自己，也要在得到的结果中分析自己的优势与不足。这样才能更好地认知自己。

在生活中善于创造静宜的、属于自己的空间，营造与自然、人类和自我共鸣的环境；加强时间管理，在时间上延伸自我价值，充分把握时间。

在生活中，人要静下心来才能更好地思考。学会在思考的过程中明白自己的真实想法，并用自己的最真实想法去规划自己的人生。

自我价值定位是从社会认同和社会道德的高度来修炼自我价值。

虽然并不是每个人都能成为伟大的科学家或工程师，但只要我们在了解自己的基础上合理地给自己定位，也能拥有属于自己的事业。

要意识到与个人的信念、态度、想法和价值观相矛盾的信息，并不都是对自己的威胁、侮辱或有抵触。不要因为与我们观念相异者的外观而排斥他们的想法，不要过早地对讲话者的人格、主要观点和你自己的反应下结论。

众所周知，在社会交往中不仅要学会做事还要学会做人，而且在听取他人的意见的过程中，保持一定的判断力，取其精华去其糟粕对我们做人做事尤为重要，因为只有这样我们才能减少因固执己见而造成的错误，更好地融入社会。

1.6.3 认知自我的三个"误区"

认知自我的三个"误区"主要包括不屑认知型、片面认知型和随意认知型。

不屑认知型："我自己什么样，我还不了解？"这是许多人的口头禅。其实，许多人对自己，真是一知半解。"我"的优点和特长是什么，"我"的缺点和不足是什么，"我"的远见、身体、心态、思维、反应、承受能力、人际关系、学习能力、创造能力怎样，能打多少分？许多人都不清楚。自以为是的认知态度必然成为人生成长中的一大绊脚石。

片面认知型有两种人，一种是充分认知自己的优点，自信心极强，往往高估自己，低估他人，给人以自高自大的感觉。这种人的优势是极强的优越感和自信心有助于其发挥自身的特长和潜能，成就一番事业的概率更大；不足是成功的机遇大，失败的可能也大，遇到挫折时会更严重，容易脱离群众。另一种人认为自己没本事，不思进取，一辈子没发挥自己的优势，被动地走过一生。

随意认知型：一些人认定"人的命，天注定，胡思乱想没有用"，不发挥自己的优势和特长，不发挥自己的主观能动性，喜欢顺其自然，随遇而安，不愿动脑子，混日子。

1.7 认知自我的作用

自我认知影响着人们在生活中的成长。俗话说："人一生中最大的敌人就是自己"，因此对自己有一个准确的认知的确不是一件简单的事。如果我们失去了自我认知能力就会导致自己长期处于迷茫的状态。在生活中，人们会不断地适应环境的变化，经历不同的人生阶段，自身的素质也在有意无意地变化中积累和形成，从而让人成长。在成长的过程中，你若能认识到自己的不足，并去改正它，那么你的人生将与众不同。为了让大家能够正确地理解认知自我的作用，请大家认真阅读下面的案例：

【案例1.2】康蒂·赖斯是一位生活在美国偏僻小镇的黑人。因为肤色，难免受人白眼，一次她母亲带她去买衣服，她告诉店员要进试衣间试衣服，而店员拒绝说："这只供白人用，黑人要到后面小仓库里去试。"而她母亲帮她解围，说："如果你今天不让我的女儿进去试衣服，我们只好换一家店买。"这个店员为留住生意，只好同意，这位母亲总是这样帮助女儿，她说："女儿，你将来的自豪并不是在白人专卖广告里买到汉堡，而是只要你想，你就可能做到。"

在母亲的指引下，她认识到：要想走出去，就要靠教育，于是她发奋读书，最终成为社会上流，受人尊敬，在美国杂志上，被评为2004世界最有权势的女人。

思考 这个案例给你什么启示？

案例1.2中康蒂·赖斯认知了自我，使她拥有了完美的人生，如果她没有认识到自己的价值，那么她将是一个平庸的社会下层的黑人妇女，充其量只能在白人专卖买到东西，正是因为她认识到了自己的价值，所以她成功了。

如果一个人不能正确的认识自我，看不到自我的优点或长处，觉得处处不如别人，就会产生自卑，丧失信心，做事畏缩不前，等等。相反，如果一个人过高地估计自己，也会骄傲自大、盲目乐观，导致工作的失误。因此，恰当地认识自我，实事求是地评价自己，是自我调节和人格完善的重要前提。

认知自我可以了解到自己所欠缺的能力，能够正确地认知自我才能进行合理的自我管理；认知自我还可以使我们在与客户沟通时要知道自己的销售有什么特征，需要具备哪些能力，并有针对性地有意识地锻炼、提升自己。

❶ 认知自我

> 延伸阅读

周哈里窗

"周哈里窗"（Johari Window）理论于 1955 年由 Joseph Luft 和 Harry Ingram 提出，命名也是将两位理论提出人的名字合并产生，理论内容不难，主要是自我认知及他人理解两个重要因素所产生的四个区块，如图 1-1 所示。

1. 开放区 (open/free area)	2. 盲点区 (blind area)
3. 隐藏区 (hidden area)	4. 未知区 (unknown area)

图 1-1　周哈里窗

周哈里窗由四大区域组成：

1. 开放区（open/free area）

自己和别人都知道：有可能是个人行为、态度、感情、愿望、动机、想法等，不过也会随着个人互动对象的不同而不同。比较愿意进行自我揭露的人，开放自我会比较大；反之，当个人不愿意透露太多自我相关信息时，开放区就会小得多了。

2. 盲点区（blind area）

自己不知道而别人却知道：例如，一些个人未意识到的习惯或口头禅，也就是所谓个人的盲点。这部分可能与个人是否容易受到注意及接受反馈有关。需要提醒的是，盲点区只是自己"不知道"的信息而已，不见得是负面的，也有可能是正面的。

3. 隐藏区（hidden area）

自己知道，但别人不知道：包括个人有意隐藏的秘密或想法。一般人都属于选择性揭露者（selective discloser），会透露一些信息，也会隐藏一些秘密，有时也会因为不同的互动对象，而调整自己隐藏区域的大小。

4. 未知区（unknown area）

自己不知道，别人也不知道：譬如个人未曾觉察的潜能，或压抑下来的记忆、经验等。这些积压在内心深处的信息，可能通过一些方式，挖掘探索这些未知的自我，如：通过心理治疗、催眠、梦的解析、创伤经验、投射测验，意外事故或顿悟，也有机会令其转变为"自己知道"的一部分。

当个人对自己的认识越多，了解越深，也越能够清楚地向他人表露自己内在的想法、态度、情感、喜恶等，让别人更加了解及进一步认识自己，这就是自我揭露（self-disclosure）。自我揭露高的人，"我"的开放区便会扩大。

很多研究结果发现，"我"的开放区域大小，与人际关系满意度有显著正相关。这其实是非常容易理解的，当自己愿意分享，也接受别人给我们的回馈，除了可以更加清楚地认识自己，也可以帮助他人能够更加了解我们。沟通双方拥有的同样认知的事情越多，两者沟通就相对比较容易，当然有助于建立良好的人际关系。

② 认知客户

"一问三个知",看客变买主。

❷ 认知客户

▶ 知人者游戏

游戏说明：

学员通过对客户扮演者的提问获得客户的信息，为学习认知客户创造良好的开端。

游戏目标：

让学员在游戏中用心去感知"客户"。

指导方法：

(1) 游戏需要的材料：

◆ 多张不同类型客户的照片，并且照片上附有客户的基本个人信息（每个小组一张，具体视人数而定）。

◆ 游戏表（表2-1）。

(2) 游戏场地：

◆ 教室或培训室。

(3) 游戏的规则：

◆ 每位学员领取游戏表1份。

◆ 在每个小组中选取一个小组成员扮演抽取到的客户照片，剩余小组成员扮演陌生人提问题和观察图片，并通过2分钟的交谈获取需要的信息。

◆ 每位学员在游戏表中根据所观察到的信息填写对他人的评价（评价的内容包括评价依据的三大方面）。

◆ 根据对他人的评价，写出自己的游戏感悟。

◆ 填写接待。

(4) 游戏时间：30～45分钟。

◆ 如果时间充裕的团队，可以让学员发表自己的感悟。

表2-1 认知他人表（样表）

姓名：　　　　　　　　所在小组：

评价层次：
1. 第一层次： 　外表如身高、长相、皮肤、头发、表情、动作。（通过观察获得信息）
2. 第二层次： 　年龄、学习、工作、职业、家乡、经济状况。（通过谈话获取个人信息）
3. 第三层次： 　性格。（再研究分类）

续表 2-1

对客户的评价：

接待策略：

2.1 你认识你的客户吗

为了让学员能够正确地了解客户，请大家认真阅读下面的案例。

【案例 2.1】 一把坚实的大锁挂在铁门上，一根铁杆费了九牛二虎之力，还是无法将它撬开。钥匙来了，它瘦小的身子钻进锁孔，只轻轻一转，这把大锁就"啪"的一声打开了。铁杆奇怪地问："为什么我费了那么大力气也打不开，而你却轻而易举地就把它打开了呢？"钥匙说："因为我最了解它的心。"

思考 这个案例给你什么启示？

案例 2.1 中，铁杆费了九牛二虎之力但是无法把锁打开，而钥匙轻轻一转就把锁打开了，因为钥匙才是了解锁的，它懂得用合适的方法去把锁打开。

在与客户沟通的过程中，我们需要清楚地知道客户的需求，正确地了解客户，只有在客户沟通中扬长避短，才能取得成功。

2.2 客户的概念

2.2.1 客户是什么？

相信我们对"客户"这个词并不陌生，因为在购买东西时我们每个人都扮演着客户的角色，那么该如何来定义客户呢？

客户狭义的概念是指客户；客户广义的概念：内部客户（创造价值客

户)、中间客户(传递价值客户)和最终客户(购买价值客户),其关系如图2-1所示:

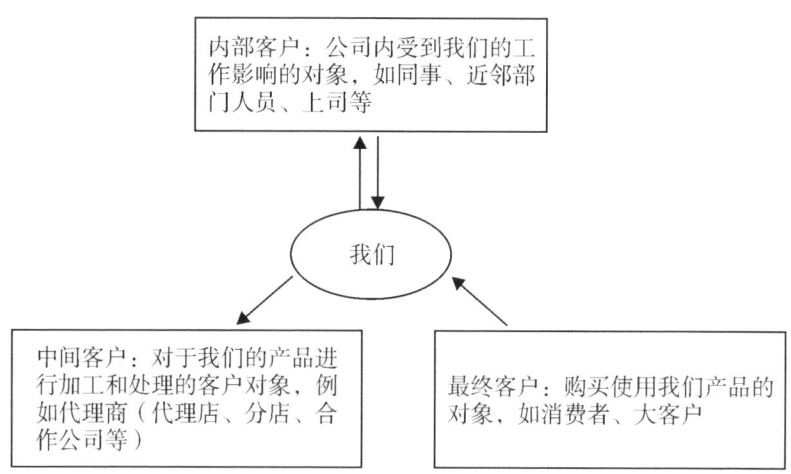

图2-1 客户之间的关系

图2-1客户之间的关系显示出客户与"我们"休戚相关。这就要求我们在客户认知过程中注意如下两点:

(1)客户不仅在我们眼中,更在我们心里。做任何事情,只有放在心上,才不会被我们忘记,让客户觉得尊贵,付出一定有回报,让自己成为有心之人、用心之人,客户才能成为你财富的基石。

(2)客户是全世界最重要的东西;客户是商业经营环节中最重要的人;客户是我们的衣食父母,一切业绩与收入的来源;客户是商店各种经营活动的血液;客户是商店的组成部分,不是局外人;客户是我们应当给予最高礼遇的人;客户是在公司内外,接受或有可能接受公司产品或服务的人;客户至上,客户是上帝,客户永远是对的。

2.2.2 细看你的客户

在商业活动中,客户不仅可能是利益者,还可能是朋友,甚至还会是"粉丝"。

客户付出了金钱、时间、购买风险等各种成本,目的当然是要换取自己期待的利益。客户并不想做上帝,只想合理地换取自己想要的东西,你若能提供,客户自然忠诚于你;虽然你平时视其如上帝,如你的对手能提供客户更想要的价值,客户仍然会毫不犹豫地离开你,客户的满意与忠诚是建立在利益需求被满足的基础上。

　　企业与客户产生友谊，主要是建立在双方利益交换的基础之上。这是一种比较合理也相对稳定、恰当的关系。企业如果能做到以客户为友并使其也以你为友，那么这个企业无疑是非常成功的。这种关系的建立技巧可以用老子在《道德经》中的一句话来概括："虚其心，实其腹"——让客户得到实惠，进而对你产生依赖。对客户提供保姆式服务，让他们慢慢失去选择与思考的能力，只知道出现问题时第一个想到的就是你这个朋友，此时只要你能真诚地善待他，客户的满意、忠诚以及稳固的供求关系也是唾手可得的。

【案例2.2】我们都知道有名的"惠普之道"——中国惠普商学院。最初，许多国内企业找到普惠中国，问能不能开办学习班，请惠普传授一些先进的管理思想与经营方法。开始，惠普只是在中国零散地开办一些培训班，但受到了企业热烈的欢迎，于是，惠普创办了企业大学。惠普商学院的教师均是中国惠普公司的高层管理者，惠普商学院通过这种特殊的形式，不仅赚取了相当可观的收入，还通过与我国各行业企业学员的互动探讨研究，了解与掌握了中国企业的各种需求并学习到许多中国企业经营管理的优秀经验，使其在中国的本土化运作更加得心应手。而更重要的是，通过教学的形式，惠普非常轻松的便和平时很难接触到的大客户成为朋友，这些客户也因为信任中国惠普商学院而对惠普的产品产生好感与认可，从而惠普商用计算机的销售额也大大提升了。

思考　这个案例给你什么启示？

　　案例2.2中，惠普公司没有在课堂上鼓吹他们的商用计算机有多优质，而是传授一些先进的管理思想与经营方法，使客户产生好感，从而大大提升了企业在客户心中的地位，让客户相信惠普是个专业的企业。

　　再者，惠普还通过与我国各行业学员的互动探讨，了解与掌握了中国企业的各种需求并与很多大客户成为朋友，从而拓展了惠普的产品市场。这种相互学习的形式，促进了企业的成长，也赢得了客户的信任。

　　对于很多行业中的企业来说，定义客户的身份为"粉丝"反而可以取得很好的业绩，比如奢侈品行业、流行性商品等。如果行业或产品适合，企业不妨换一种思路——让客户追着你跑吧。

【案例2.3】韩寒、王珞丹代言凡客诚品，是服装网购行业首次启用代言人模式，表明一种新的营销模式正在崛起。在网络营销中将产生示范效应，从而助推整个网购行业快速进入品牌时代。凡客诚品零售额持续高速增长,但也面临着与优衣库等品牌的激烈竞争,未来真正分出高下的关键,仍然在于品牌。"这也正是凡客诚品在品牌代言领域投入重兵的原因。相关资料显示,2009年凡客诚品的销售额是6亿元,其两年之内的销售额增长了100倍以上。"

思考 这个案例给你什么启示?

案例2.3中,凡客诚品请明星代言,在服装网购行业中起到很好的示范作用,也让客户更加了解凡客的产品,成为年轻人追捧的服装品牌之一,随之而来的是不断增长的零售额。

根据行业的不同,客户的身份可以有很多种,企业应该跳出固有的思维,发现你的目标客户真正恰当的身份,利润也会随之滚滚而来。

2.3 认知客户的重要性

2.3.1 认知客户重要性的意义

认知你的客户为什么重要?因为只有认知你的客户,才能知道其真正的需求并提供相应的服务。许多人都知道要让客户满意的全方位推动方法,但却不知道如何进入客户的心,让他满意。认知客户的真正意义在于"认识客户总体的需求"。

【案例2.4】1996年,一位四川成都的农民投诉海尔洗衣机排水管总是被堵,服务人员上门维修时发现,这位农民用洗衣机洗地瓜(南方又称"红薯"),泥土多,当然容易堵塞。服务人员并不推卸自己的责任,而是帮客户加粗了排水管。客户感激之余,埋怨自己给海尔人添了麻烦,还说如果能有洗红薯的洗衣机,就不用烦劳海尔人了。农民兄弟的一句话,被海尔人记在了心上。海尔营销人员调查四川农民使用洗衣机的状况时发现,在盛产红薯的成都平原,每当红薯大丰收的时节,许多农民除了卖掉一部分新鲜红薯,还要将大量的红薯洗净后加工成薯条。但红薯上沾带的泥土洗起来费时费力,于是农民就动用了洗衣机。更深一步的调查发现,在四川农村有不少洗衣机用过一段时间后,电机转速减弱、电机壳体发烫。向农民一打听,才知道他们冬天用洗衣机洗红薯,夏天用它来洗衣服。这令张瑞敏萌生一个大胆的想法:发明一种洗红薯的洗衣机。1997年海尔为该洗衣机立项,成立以工程师李崇正为组长的4人课题组,1998年4月投入批量生产。洗衣机型号为XPB40-DS,不仅具有一般双桶洗衣机的全部功能，还可以洗地瓜、水果甚至蛤蜊，价格仅为848元。首次生产了1万台投放农村，立刻被一抢而空。

思考 这个案例给你什么启示？

案例2.4中，海尔企业的营销以满足客户的需要为前提，满足了客户需要，进而获得客户的支持，成功地拓展了海尔洗衣机在农村的消费市场。

"认知谁是企业的客户"是企业的首要问题，企业资源有限，市场机会无限，只有解决了客户的问题，才能把资源分配好。也就是说，只有了解了自己的客户，才能有效地对市场进行细分，才能制定营销战略，才能最终取得利益。

而对于企业的营销人员而言，只有抓住了客户的需求，才能有针对性地进行产品的研发、销售与宣传。现在许多产业逐渐扩大的产能，让市场无法消化，必然引起市场竞争日益激烈，买方市场变得更加重要。随着商品日益多元化，客户已不仅仅停留在生理层面上的满足，而要满足客户更高层次的需求，必须对这个群体有良好的认知。

2.3.2 客户的重要性

客户是最重要的人，在企业，最值得尊敬的人不是领导者，而是我们的客户。有客户才有企业，有客户才有业绩，与其尊重领导者，不如尊重客户；与其视领导者为重要的人，不如把客户当成最重要的人，那才是真正意义上的尊重领导者，没有客户，就没有一切。无论什么时候，客户都是企业最重要的人。

【案例2.5】为了拢住一批常客，永安公司实行了这样一些服务方式：一是把为重点客户送货上门订为一条制度，使得一些富翁成了永安公司的老主顾；二是公司鼓励营业员争取客户的信任，密切与客户的关系，对那些"拉"得住客户的营业员特别器重，不惜酬以重薪和高额奖金；三是公司针对有钱人喜欢讲排场、比阔气、爱虚荣的心理，采取一种凭"折子"购货的赊销方式，客户到永安公司来购物，不用付现款，只需到存折上记上账；四是争取把一般市民客户吸引到商店里来。如此"四策"的实施，使永安公司成为这样一家特殊商店：无论上流社会和一般市民，只要光顾这里，都能满意而归。整个商场整天挤得水泄不通，生意格外红火。

❷ 认知客户

❓ **思考** 这个案例给你什么启示？

案例2.5中，永安公司通过提供优质的服务来拉拢客户，体现了只有真心实意地对待客户，用服务创造价值，用价值牵动市场，一个客户就是一个宝藏、一个金矿，用心做好每一个客户就是在寻找宝藏，挖掘金矿。客户不仅对商家非常重要，对销售员也同样重要。

总的来说，客户是非常重要的人，我们还可以从企业视角和客户视角两方面来了解其重要性。

【案例2.6】在美国，一个无线电用户的平均运营成本为300～450美元。这个成本包括自主手机的费用、支付分销合伙人的费用、公司自由的零售店的经营费用以及市场营销的费用。美国的三大无线网络提供商拥有客户总数超过1.75亿人，每个月的客户流失1%～2%，如果我们取中间数字1.5%，那么每个月大约流失260万个客户，每个月的最低重置成本会达到7.87亿美元（每年超过90亿美元）。

❓ **思考** 这个案例给你什么启示？

案例2.6中，客户的流失会对公司造成重大的影响，也告诉我们在激烈的社会竞争中学会抓住客户是很重要的，企业只有通过长久保留客户，才能提高盈利能力。

我们要学会站在客户的立场上看待客户的价值，近年来市场上出现的体验式营销更好地体现了这一点，这些企业非常重视为客户创造感知价值，如星巴克，它强调的是：在每天的工作、生活及休闲娱乐中，用心经营这一次生活体验，煮好每一杯咖啡，服务好每一位客人，创造美好的星巴克片段。在星巴克看来，他们为客户提供的不仅仅是可口的咖啡，而是消费体验的建立。重要的是，客户在星巴克购买产品的过程中获得了享受，于是客户用高度的忠诚来回报企业为其创造这份体验。

没有客户就没有市场，也没有利润，所以客户对于企业至关重要。

2.3.3 客户的形态

客户的形态可分为纯粹闲逛型、巡视商品行情型、胸有成竹型。那么，这几种形态的具体表现是什么呢？营业员又该如何应对不同形态的客户呢？

（1）纯粹闲逛型客户。其没有购买商品的意图，进入商店只是为了感受气氛,消磨时光,但也不排除他们具有冲动性的购买行为,或是为以后购买而事先观看商品。他们进入商店后有的放慢脚步、谈笑风生、东张西望;有的犹犹豫豫,行为拘谨、徘徊观望;有的则哪儿有热闹往哪儿去。营业员在遇到这类客户时,不必急于接触,应注意其动向;待客户欲察看商品时,热情接待。

(2) 巡视商品行情型客户。其无明确的购买目标和购买打算,进入商店是希望能碰上符合自己心意的商品,具体表现如:脚步不快,神情自若地环视商品;临近商品不急于提出问题和购买要求。营业员在遇到这种客户时,应让其随意浏览,待其产生兴趣、表露中意神情时,再进行接触;不能盯着客户,也不能过早接触客户;推荐的商品以新商品、新进商品、畅销商品、珍奇品、促销商品为主。

(3) 胸有成竹型客户。其购买心理是"求速"。有明确的购买目标和采购内容及预算;进入商店目光集中,脚步轻快,直奔商品;主动提出购买需求,不太可能有冲动购买的行为。营业员在遇到这类客户时,要迅速成交;不要讲废话,令客户反感,导致销售中断。

2.4 客户的类型

为了更好地进行客户管理和认知,可以根据一定的标准对客户进行分类。具体方法有:按年龄划分、按性别划分、按性格划分、按气质划分、按特征划分。

2.4.1 按年龄划分

客户按年龄划分,可以分为青年客户、中年客户、老年客户,见图2-2。那么这几种不同年龄阶段的客户各有什么特点,我们的营业员又该怎样接待呢?

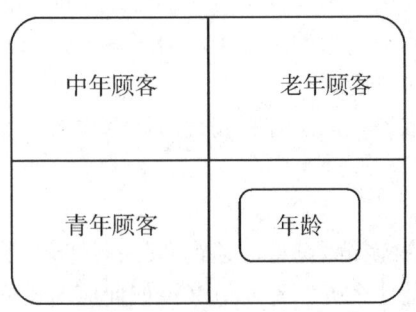

图2-2 客户按年龄划分

(1) 老年客户。其购买心理稳定,不易受广告宣传的影响;喜欢购买用惯了的商品,对新产品常持怀疑态度,很多情况下,是在亲戚朋友推荐下才会购买未曾使用的某种品牌的商品;购买时动作缓慢,挑选仔细,喜欢问长问短。营业员在遇到这类客户时态度宜亲切、热情,服务时要有足够的耐心,并耐心地推荐价格适中、传统舒适、方便、实用的商品。

(2) 中年客户。其多属于理智购买型,购买时比较自信;对能够改善家庭生活条件,节约家务劳动时间,既经济、质量好,又具装饰效果的商品感兴趣;喜欢购买已被证明使用价值的新产品。中年客户有着一定的经济负担或其他方面的负担,或经济条件好但价值观念较强,购买商品时讲究经济实用、方便耐用的心理较为普遍,营业员应以亲切、诚恳、专业的态度对待,才有可能被其接受。营业员在遇到这类客户时,应以亲切、诚恳、专业的态度对待,以增加中年客户对产品的信任度。

(3) 青年客户。其具有强烈的生活美感,由于年龄因素,不需要承担过多的经济负担,所以对商品价值观念较淡薄,只要是见到自己喜欢的商品,就会产生购买欲望并采取行动;追求档次、品牌、求新、求奇、求美的心理较为普遍,对消费商品时尚反应敏感,喜欢购买款式新颖、流行的商品,往往是新产品的第一批购买者;多数客户购买能力强,不过多注重商品的新特点、新功能和新用途。营业员在遇到这类客户时,应介绍流行的新产品以刺激青年客户的好奇心,促使其购买。

2.4.2 按性别划分

客户按性别划分,可以分为男客户和女客户。不同性别的客户对于商品的侧重点不同,优秀的营业员在介绍产品时因人而异。

(1) 男客户。其多数是有目的购买和理智型购买,比较自信,不喜欢营业员过分热情和喋喋不休地介绍;购买动机常具有被动性(在面对简短的、自信的、专业的介绍,往往会很快改变主意,听从建议);选择商品以其用途、质量、性能、功能为主,价格因素作用相对较小;希望迅速成交,对排队等候缺乏耐心。营业员在遇到这类客户时,应由其自由挑选,但在抓住其重质量与性能的心理的情况下,可适当建议。

(2) 女客户。其购买动机具有主动性、灵活性和冲动性;购买心理不稳定,易受外界因素的影响,且购买行为受情绪影响较大;乐于接受建议;挑选商品时十分细致,首先注重的是商品的流行性、外观、款式、品牌和价格,其次是商品的质量和售后服务;女性天生有强烈、持久的爱美心理,使她们在饰品方面的需求尤为突出,女性的热心程度与购买决策权要远远大于男性。营业

◆◆ 客户沟通技巧

员在遇到这类客户时，要像朋友一样与之交流，增进感情，感同身受地推荐较流行的款式。这样客户也会减少戒备心，有利于成交率的提高。

2.4.3 按性格划分

客户的性格划分，可以分为理智型、冲动型、情感型、疑虑型、随意型、习惯型、专家型，见图2-3。不同类型的客户有不同的特点，下面我们来分别了解不同性格的客户。

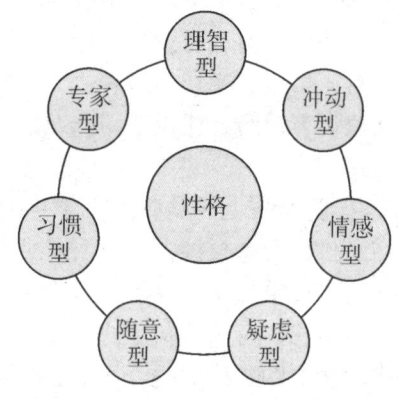

图2-3 客户性格的类型

（1）理智型客户。其购买前非常注重搜集有关商品的品牌、价格、质量、性能、款式、使用、日常维护保养等方面信息，购买决定以对商品的知识和客观判断为依据；购买过程较长（重复浏览多家商店，并着重于在同类产品中比较挑选），且繁琐，从不急于做出决定，在购买中经常不动声色。

（2）冲动型客户。其购买决定易受外部刺激的影响；购买目的不明显，常常是即兴购买；凭个人直觉，对商品的外观印象以及营业员的热情推介迅速做出购买决定，行动果断，事后易后悔；喜欢购买新产品和流行产品。

（3）情感型客户。其购买行为受个人情绪和情感支配，往往没有明确的购买目的，即使在朋友或同事的推荐下，也会在购买商品的浏览过程中受自我情绪与情感支配；比较愿意接受建议；想像力和联想力较为丰富，购买中情绪易冲动。

（4）疑虑型客户。其个性内向，行动谨慎，观察细微，决策迟钝；购买时缺乏自信，同时对导购（营业员）也缺乏信任，顾虑重重；选购商品动作缓慢，反复在同类产品中询问、其挑选与比较，费时较多；购买中犹豫不决，事后易反悔。

(5) 随意型客户。其缺乏购买经验,在购买中常不知所措,所以乐意听取建议,希望从中得到帮助;对商品不会过多地挑剔。

(6) 习惯型客户。其会凭以往的习惯和经验,不易受宣传或营业员的影响;通常有目的地购买,购买过程迅速;对流行产品、新产品反应冷淡。

(7) 专家型客户。其会认为营业员与客户是对立的利益关系;自我意识很强,购买中常自认为自己的观念绝对正确,经常会考验营业员的知识、能力;脾气暴躁,易发火。营业员遇到或直觉到这种刺头类型的客户时最好随其自由选择,待对方发问时再上前为其说明商品的特性即可,否则较难应付。

2.4.4 按气质划分

客户按气质划分,可以分为胆汁质、多血质、黏液质、抑郁质,见图2-4。作为营业员要了解不同气质的客户会呈现出什么样的特征。

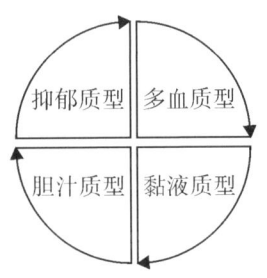

图2-4 客户气质的类型

(1) 胆汁质型客户。其属于兴奋型,情绪兴奋高亢,易冲动,抑制能力差;遇事果断,反应快而强烈,但不灵活,其反应性和外倾性较为明显,对营业员的要求很高,有时甚至会用命令式的口气提要求,因此极易发生抱怨和正面冲突。营业员与这类客户接触时,一定要格外耐心,注意和善的态度和友好的语言,切不可刺激对方。

(2) 多血质型客户。其属于活泼型,活泼好动且灵活,精力旺盛,反应迅速,但注意力容易转移,忍耐力较差,喜欢与人交谈,感情丰富但不深刻稳定,其感受性和外倾性较为明显。营业员与这类客户接触时极易产生"见面熟"的感觉,但切勿掉以轻心,为其假象所迷惑。因为他们较易做出购买决策,但改变主意也快,且有看似"合理"的理由,如果不能满足其要求,他们会立刻翻脸,所以,除了一般的交谈和商品介绍外,更应注重联络感情,发展友谊,以促使其最终下决心购头。

(3) 黏液质型客户。其属于安静型,情绪稳定,沉着冷静,遇事冷静谨慎，三思而行；持久力强，反应缓慢，其耐受性和内倾性较为明显。与这类客户接触一定要有耐心，除了一般的交谈介绍外，最好是在提供必要的信息、事实之后，留出时间让其思考与决策，切勿多作提示，以免引起反感。

（4）抑郁质型客户。其属于抑制型，主观体验深刻，对外界反应速度慢且不灵活；敏感多疑，言行谨慎；易感伤但表现力很广，其感受性和内倾性较为明显。这类客户动作迟缓，喜欢反复挑选，多疑，怕上当。与他们接触时一定要有耐心，不厌其烦地多做介绍，并做好可能反复的准备，只有这样，才能最终消除其疑虑，促使成交。

实际上，人的气质并非只存在四种状态，只有少数人是四种气质类型的典型代表，大多数人是介于各种类型之间的混合型。

2.4.5 按特征划分

客户按特征划分，可以分为悠闲型、急躁型、沉默型、饶舌型、权威型、QC型、内向型、博知型、大款型等类型。这里主要介绍以下几种类型，见图2-5。作为营业员要了解客户的特征并采取相应的对策。

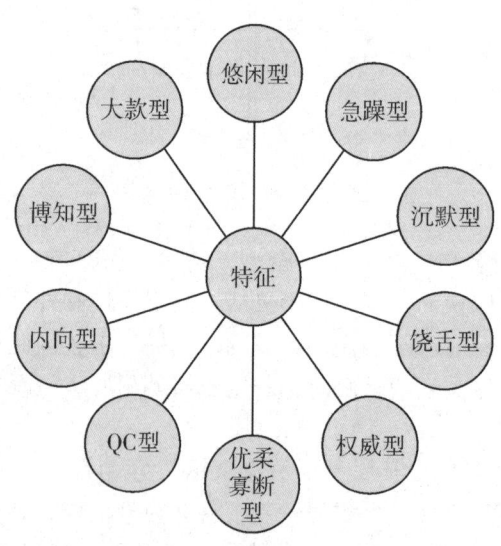

图2-5 客户特征的划分

（1）悠闲型的特征：慎重选择。应对策略：慎重的听，自信的推荐，不焦急或强制客户。

（2）急躁型的特征：易发怒。应对策略：慎重的态度、言语、动作，不要让客户久候。

❷ 认知客户

（3）沉默型的特征：不表示意见。应对策略：观察客户的表情、动作，以具体的询问来诱导。

（4）饶舌型的特征：爱说话。应对策略：不打断客户话题，耐心地听，把握机会回到商品话题。

（5）权威型的特征：傲慢。应对策略：在态度和言语上特别慎重，一边赞美其携带物，一边推荐商品。

（6）优柔寡断型的特征：欠缺决断力。应对策略：对准销售重点，让客户进行对比，并确实说明理由与依据。

（7）大款型的特征：不挑剔。应对策略：观察客户动向，适当推荐更多产品。

在接待客户时要注意，千万不要轻视客户的同伴，因为有些客户在选购商品时，会把同伴提供的意见和建议当作真理。在接待过程中，要善于分清主次，以促进成交。要分辨出谁是买者，再向谁商量，而这位"谁"才是成交成败的主要目标，要善于谋取同主要目标者的合作，要把发言人与购买人一起带入谈话中，并顺其话题做出恰当的反应，以防止陪同者的干扰。

在与客户沟通的过程中，我们要学会根据客户表现出来的特征适时调整策略，这样才能让客户愉悦地消费。

> 延伸阅读

MAN 评估法则*

评估客户，就是对客户的资格进行初步的审查。销售人员寻找客户，取得潜在客户的名单后，并不意味着马上开始与客户打交道，还必须根据企业产品的特点，锁定销售对象，确定选择准客户的条件，并在此基础上挑选出准客户。

找准客户，也称找"MAN"。MAN 就是钱（money）、决策权（authority）、需求（need）三个条件的简称。准客户至少应具备以下三个条件。

1. 钱（money，M）

评估潜在客户的第一个要素是 money，即"钱"。也就是说，我们需要考察该客户是否有购买力，是否具有消费此产品或服务的经济能力。

钱不是万能的，但没有钱是万万不能的。准客户是否有购买产品的能力，这是最为重要的一点。每找到一个准客户时，销售人员就要问问自己：他有支

---

* 引自黄开耿：《成交每一单——销售的39个绝招》，化学工业出版社2008年版，第22—24页。

付能力吗,他买得起这些东西吗?只有得到肯定的答复,才值得你花工夫去开发。一个月收入只有1000元的上班族,你向他销售一部奔驰汽车,尽管他有需要,也很想买,但其消费不起。

2. 决策权(authority,A)

评估潜在客户的第二个要素是authority,即"决策权"。也就是说,你所极力说服的对象是否有购买决策权。找不到关键人士,销售只会是事倍功半。很多销售人员最后未能成交的原因就是找错了人,找的是一个没有购买决定权的人。

在销售中,找对人非常重要。如果你找错了,不但浪费了时间,还在无意中得罪了真正拥有购买决定权的人。他会觉得自己没有受到应有的重视,对你销售的产品产生了抵制心理。小张在广告公司做业务,与一家啤酒公司副总谈了两个月广告业务,彼此都非常认同。但是,总经理是他的太太,他没有决定权。小张浪费了很多时间都没能谈成生意。后来,在旁人的指点下小张终于知道了原因,于是去找他太太,但却吃了"闭门羹"。这单生意就这样泡汤了。

有时候,使用者、决策者和购买者往往不是一个人。比如,小孩想买玩具,他是使用者,决策者可能是妈妈,购买者可能是爸爸。你该向谁推荐?当然是首先要让孩子喜欢你的玩具,然后着重在他妈妈身上下工夫,让他妈妈作决定购买,而爸爸听妈妈的,这样,一单生意就谈成了。

3. 购买需求(need,N)

需求是指存在于人们内心的对某种目标的渴求或欲望。它由内在的或外在的、精神的或物质的刺激所引发。

客户有需求是销售成功的重要条件。刘先生刚买了一台液晶电视,你再向他销售液晶电视,尽管他具备购买力和决策权,但他没有需求,自然不是你要寻找的人。

真正的客户应该是具备以上三个基本条件的人,缺一不可。只有这样的人,才是我们要找的那个"MAN"。我们可以把MAN法则各个字母所代表的意思用"1"和"0"来区分有无。M代表购买力,A代表决策权,N代表需求;"1"代表有,"0"代表无。于是,我们可以整理出针对不同类型潜在客户的应对策略:

M1 + A1 + N1:是理想的销售对象。

M1 + A1 + N0:运用熟练的销售技术,有成功的希望。

M1 + A0 + N1:可以接触,但应设法找到具有 A 的人。

M0 + A1 + N1:可以接触,需调查其信用条件、业务状况等给予融资。

M1 + A0 + N0:可以接触,应长期观察、培养,使之具备另一条件。

❷ 认知客户

M0＋A1＋N0：可以接触，应长期观察、培养，使之具备另一条件。

M0＋A0＋N1：可以接触，应长期观察、培养，使之具备另一条件。

M0＋A0＋N0：不是客户，应停止接触。

由此可见，潜在客户优势欠缺某一条件（如购买力、购买决定权等）的情况下，仍然可以开发，只要应用适当的策略，便能使其成为新客户。要想成为一名成功的销售员，就得培养一支稳定的准客户队伍；要想保持这一队伍的稳定，就得不断地、有效地找到准客户。当然，应该首先花主要精力去寻找M1＋A1＋N1的准客户，这样不但可以省时省力，还可以多利。

3 说的艺术

"良言一句三冬暖,恶语伤人三月寒。"

➡ 画图游戏

游戏说明：
推荐一个学员在不借助任何手势和辅助工具的情况下表述准备好的图形形状，其他学员根据表述画出图像，再与原图进行比较，最后让学员一起讨论游戏的感悟。

游戏目标：
让学员在游戏中锻炼自我表达能力。

指导方法：
（1）游戏需要的材料：
✧ 笔、白纸、图形。
（2）游戏的规则：
✧ 每个小组推荐一名表达能力强的学员将图形表述出来，不用任何手势和辅助工具。每位学员根据表述人的表述画出图形。
✧ 表述人只重复一次，不能提问。
✧ 不允许交头接耳进行讨论。
✧ 利用1分钟时间写感想。
（3）游戏时间：
✧ 3分钟。

3.1 你能说清楚你想说的吗

从古至今，"口若悬河"、"滔滔不绝"、"高谈阔论"、"能说会道"都用来形容说话有艺术的人。当今社会，人们畅谈艺术、追求艺术、崇尚艺术，而说话也可以很艺术。

说话艺术存在于传媒、沟通、教育、销售等之中，良好的互动关系则是建立在口语方面的表现。"口才"只不过是一种表达技巧，好坏最大的差别就在于"表达方式"的不同；因此，研究、提升自己的"表达方式"，也就是"说话的技巧"，就显得非常重要。

为了让大家能够更好地明白口才的重要性，请大家认真阅读下面的案例。

【案例3.1】美国前总统柯立芝有一次批评他的女秘书："你这件衣服很漂亮，你真是一位迷人的女士。只是我希望你打印文档时注意一下标点符号，让你打的文档像你一样可爱。"女秘书对这次批评印象非常深刻,从此打印文档很少出错。

❓ **思考** 这个案例给你什么启示?

案例3.1中,柯立芝身为美国总统,柯立芝说话如此委婉、客气,这正是他好修养、好气度的表现,也是每一个人喜欢听好话的表现。假如他换一种盛气凌人的口吻呵斥:"怎么搞的!连一个标点符号都搞不清楚,这份工作你还想不想干了?"这只能让对方反感甚至产生仇恨心理,达不到纠正对方错误的目的。说话是一种艺术,会让人与人之间更加和谐,也会让说话者变得更优秀。

同样,在与客户沟通的过程中会说话很重要,把话说到客户的心里,让客户感受你的优质服务,则会促进成交。

美国前国务卿鲍威尔的说话技巧:着急的事慢慢地说;大事要事想清楚再说;小事琐事幽默地说;做不到的事不随便说;伤人的事坚决不说;没有的事不要胡说;别人的事谨慎地说;自己的事坦诚直说;该做的事做好再说;将来的事到时再说。

3.2 说话的步骤

3.2.1 察言观色

营业员在面对客户时要学会对客户的性别、年龄、形态进行分类,这样才能采取合适的接待方式。在进行分类前营业员更要学会察言观色。

一个人的言谈能告诉我们其地位、性格、品质甚至流露其内心情绪,因此善听弦外之音是"察言"的关键所在。

"眼色"是"脸色"中最应关注的重点。它最能不由自主地告诉我们真相,人的坐姿和服装同样有助于我们观人于微,进而识别他人整体,对其内心意图洞若观火。为了让大家能够更好地学会察言观色,请大家认真阅读下面的案例。

【案例3.2】《孟子》曰:"存乎人者,莫良于眸子。眸子不能掩其恶。胸中正,则眸子了焉;胸中不正,则眸子眊焉。听其言也,现其眸子,人焉廋哉。"意思是,观察人的邪正,没有什么比观察他的眼睛更为准确的了。眼睛不能遮掩人的恶念。心正,眼睛就明亮;心不正,眼睛就昏昧。听了他的话,再看他的眼睛，人的邪正，哪里隐藏得过去呢？

❓思考　这个案例给你什么启示？

案例3.2告诉我们，有时表情比言语本身更能表达人们内心的动态。人类五官之中，眼睛是最敏锐、最诚实的。对职场中的人来说，学会察言观色尤为重要。

观色犹如察看天气，那么看一个人的脸色应如"看云识天气"般，有很深的学问，因为不是所有人在所有时间和所有场合都会喜怒形于色；相反，"笑在脸上，哭在心里"，所以我们要学会区别。

学会察言观色非常重要，为了让大家能够更好地领会察言观色的重要性，请大家认真阅读下面的案例。

【案例3.3】 一位举人经过三科，又参加候选，得了一个山东某县县令的职位。第一次去拜见上司，想不出该说什么话。沉默了一会，忽然问道："大人尊姓？"这位上司很吃惊，勉强说了姓某。县令低头想了很久，说："大人的姓，百家姓中所没有。"上司更加惊异，说："我是旗人。贵县不知道吗？"县令又站起来，说："大人在哪一旗？"上司说："正红旗。"县令说："正黄旗最好，大人怎么不在正黄旗呢？"上司勃然大怒，问："贵县是哪一省的人？"县令说："广西。"上司说："广东最好，你为什么不在广东？"县令吃了一惊，这才发现上司满脸怒气，赶快走了出去。第二天，上司令他回去，任学校教职。

❓思考　这个案例给你什么启示？

案例3.3中，县令得到教职的下场，究其原因，便是不会察言观色。我们如能在交际中察言观色，随机应变，也是一种本领。要学会说，先要学会察言观色。

在销售过程中，许多销售员都会面临类似这样的难题：每天来店里的客人很多，谁是最有可能购买东西的人呢？客户固然是上帝，我们应该对每一位客户都一视同仁，可与此同时我们有一点不能忽视：销售人员的精力是有限的，你不可能一致地接待所有客户。学会察言观色才能把有限的精力重点放在最具有购买欲望的客户身上，从而取得最大的效益。

那么，销售人员如何察言观色？其实，通过观察客户的神态、言谈举止，销售人员就很容易发现他们是真的有购买要求，还是仅仅想逛一逛而已。因为两者之间在某些特征神态上有着明显的区别。抓住了这些区别,我们就能轻而易举地看破貌似神秘的客户心理。

身体语言是人内在情感的外部显现。它通过眼神、面部肌肉运动、手势等诸多无声的体态语言将有声的语言形象化、生动化,以达到先"声"夺人、耐人寻味的效果。

人的身体语言并不神秘。在日常生活中,有许多身体语言是我们大家所熟知的。比如点头、眨眼、皱眉、微笑、摆手及坐的姿势等,看似随意的偶然动作,实际上像语言一样传递着信息,并且具有一定的规律。人们可以通过目光、面部表情、体态姿势以及身体接触等方式表达自己的情感或意愿。在某种情况下,这种方式比使用语言更为有效。例如:

(1) 用手指轻轻触摸脖子前方(包括脖子本身、项链坠子、衣领等):说明对方感到不安,或者对你的想法持不同意或怀疑态度。

(2) 用手捂住嘴或轻轻碰触嘴唇或鼻子:说明对方想隐藏内心的真实想法。

(3) 手指顶住太阳穴:代表对方正在仔细斟酌你说的话,或此问题让他伤脑筋。

(4) 用单手托腮,表情显得无趣、眼睛无神:透露对方觉得无聊;但如果表情显得兴致盎然,则表示对你的接受与欣赏。

(5) 轻轻抚摸下巴:对方正在思考、做决定。

(6) 手握成拳头:说明对方小心谨慎,情绪有些紧张或不佳。

(7) 手插在腰上,四指向前:透露对方怀有敌意或质疑,或随时准备投入行动。

(8) 用手轻揉耳朵或置于脖子后方:透露对方心里已经有些不耐烦,可能不想再听你说下去。

(9) 用手玩头发:代表已经难以专心,或者无安全感。

(10) 用手指敲击桌子:说明对方无聊或不耐烦,或暗示你,"可不可以快一点"。

通过"察言观色"得到的客户购买行为特征与其实际购买行为没有直接的对应关系,因为每个人的分析不同,得到的结果也有不同。比如,仅仅认为穿着随便的客户一定不是高消费人群,可能得到让人啼笑皆非的结果。因此,以貌取人不可取。客户进店多是有目的的,或是客户,或是购买参与者,或是信息搜寻者,每一位都值得重视。

购买力和购买行为特征不是相同的概念。我们要判断的是客户的购买行为特征,而不是购买力。衡量客户的购买行为特征要和特定的产品联系起来。

3.2.2 语速音调的停顿

营业员可以通过一个人说话语速的快慢来判断人的性格。它与音调相类似，语速同样也是说话者心理、感情和态度的流露，语速的快慢、缓急直接反映着说话人的心理状态。

一个心理健康、感情丰富的人在不同的环境下会表现出不同的语速。一般而言，说话语速较慢的人比较老实厚道，性格内向，可能会有点木讷。而语速飞快的人，则比较精明，热情外向，偏向于张扬的性格。

对于一名营业员来说，每天要接触众多不同的客户，专业优质的语音无疑是与客户成功沟通的基础。诚然，音质音色很大程度上取决于先天条件，但这并不能抹杀后天训练的重要性，通过科学的方法，我们完全可以塑造更加专业优质的语音。

要想拥有专业优质的语音，需要营业员在平时的发音训练中使用以下几个技巧：①语速：适中，每分钟应保持在120个字左右；②语气：轻柔、和缓但非嗲声嗲气，运用容易被接受的说法，适当的停顿；③声调：要抑扬顿挫，显得有朝气，且便于控制音量和语气；音量：正常情况下，应视客户音量而定，但不应过于大声。

声音的训练是素质训练中的核心环节，改变了声音，就改变了个性；改变了个性，就改变了命运。如果说眼睛是心灵的窗户，那么声音就是心与心相连的桥梁。

成功的政治家都非常善于利用声音的力量，例如，撒切尔夫人在从政后将尖锐的声音改为深沉、浑厚、散发磁性的声音，为她树立了力量、权威、可靠的形象。如里根、克林顿、布什的声音都为他们在选民心中树立了领袖的形象。

在客户沟通中，营业员更要注意话音清晰、语速适中、精神饱满、态度诚恳，且耐心地为客户服务，做到不推诿，不使用服务忌语，礼貌地对待客户。

声音的变化重于一切，因为声音不仅有吸引客户的魅力，声音变化的力量更是营业员的制胜法宝。

【案例3.4】 有一天上午，女主人独自在家，当听到门铃声后打开门时，眼前的一幕让她愣住了，一位彪形大汉手拿一把菜刀凶神恶煞地站在门口，女主人见此情形，很快就镇定了，面带微笑温和地说道："哟！您卖刀啊！请进吧。"进屋后，女主人请他坐下，又热情地为他倒茶，这一意外之举令本想来打劫的大汉不知所措，接着女主人又坐下来温和地与大汉谈论刀，还不时地讨价还价。整个过程，女主人始终用一种亲切的语气和这位男子说话，一切都显得如此的亲切与从容。男子紧张的心情慢慢平静下来，心中本要抢劫的念头渐渐消散了，借机把刀卖给这位女主人，就赶快跑掉了。

思考 这个案例给你什么启示？

案例 3.4 中，体现了声音的魅力竟如此神奇，让人意想不到，但女主人的确凭着那温和而亲切的声音打动了一个本打算打劫的男子，让他迷途知返。

能说会道的人都需具备声音的魅力。要想使自己的声音具有魅力，就要提高自己的口语发送能力。那么什么是口语的发送能力呢？简单地说，就是说话时对语言的速度节奏、声调的高低、声音的轻重、语流的顿挫断连的控制和变化能力，它是语言形象的一个重要的组成部分。如果一个人有较好的声音发送能力，不但发音明亮悦耳、字正腔圆，而且还能随着交际的内容、场景、双方人际关系的不同，有高低抑扬、快慢急缓、强弱轻重、顿挫断连、明暗虚实等多种变化，其声音就具有强烈的音乐旋律感和迷人的艺术魅力。

变化能为你的发言增加情趣。缺少变化的语言会使场面显得呆板而沉闷，而你所说的一切也将变得枯燥乏味和苍白无力，因此你也不会受到客户的青睐。

人在听他人说话的注意力的持续时间是 30 秒，这也意味着如果你想让你的交谈对象一直保持兴趣和注意，那么每隔 30 秒你的声音就要有些变化。这就是"30 秒注意力原理"。

保持声音变化的目的是为了吸引客户的注意，不让客户"走神"，因此在与客户沟通时，不在于你讲什么内容，关键是是否能吸引客户。

想要了解自己的声音是否具有吸引力，可以把自己的话录下来然后仔细听，你就会知道自己的声音是什么样子了。你很快就会发现，自己的声音哪里缺少感性色彩或语调变化，以及你的嗓门听上去是高了还是低了；也能知道自己的口齿是否伶俐，吐字是否清晰，弱音、重读是否能区分得出来。

我们不仅要了解自己的声音还要学会停顿。停顿是指语句或词语之间声音的间歇。同样一句话，停顿的有无，意思会相差甚远。例如，"叔叔亲了我 妈妈也亲了我"，其停顿的有无，导致句义大不相同。

3.2.3 学会赞美

赞美是一门艺术，要求说话者要真诚、发自内心地去赞美别人的闪光点。我们既可以直接在公众面前赞美别人，也可以通过第三者进行赞美。赞美要具体、及时才能让被赞美者心情愉快。所以学会赞美很重要。

【案例3.5】一位老师这样谩骂自己的学生："你又丑又蠢，长成这样也就算了，但还那么懒，如果我是你，我就不活了。"那学生大受刺激，几欲自杀，虽没如愿与世决绝，但是从此他一蹶不振，心灵里的阴霾总是挥之不去。可以想像这个学生的心理受到多大的创伤。

【案例3.6】一位母亲经常对考砸的孩子说："我相信你是最棒的，孩子，只要你再加把劲，你就会很快地超越他们。"这孩子心中充满了自信与感激，母亲的鼓励与欣赏，成了他学习的最大动力。这个曾在班上常常落后的学生，最终考上了清华大学。

❓ **思考** 这两个案例给你什么启示？

把这两个案例进行对比，我们可以看出赞美可以改变一个人的心境，从而使人产生积极的行为。赞美别人就是给别人带去阳光。

人无完人，只有天生的容颜从没天生的思想。挖掘对方的闪光点，加以肯定，并加以适当真诚地赞美，能给人以美好的心情，让人重拾自信。真正的赞美是真诚，是挖掘，是有的放矢，是恰如其分，是由衷地欣赏。不要只赞美他人的外表，也要赞美他人的内在。当他人取得一定的成绩，当他人做了一件好事，我们都要适时赞美与肯定。同样，在对待客户时我们更要学会赞美，让客户保持良好的购物心情，更利于产品销售。

3.2.4 避免禁忌用语

在接待客户的过程中，会说话非常重要。我们既要把赞美的话说到客户的心里，又要避免某些禁忌用语，如冷淡、否定的话及过于深奥让人理解不透的话；极端性的语言，如"肯定如此"、"肯定不是这样"；针锋相对的语言，如"一点也不能少"；有损对方自尊心的语言，如"买不起明讲"；催促对方的语言，如"请快点考虑"；以自我为中心的语言，如"如果我是你的话……"；模棱两可的语言，如"可能是……"。

3.2.5 良好的结束语

在与客户成交后，营业员使用礼貌、关怀的结束语显得尤为重要。因为关怀的话语会令客户感到温暖，也可能让企业得到更多的回头客。良好的结束语如"请问还有什么可以帮到您？"、"感谢您的光临，再见！"等等。

3.2.6 说话的其他注意事项

在客户沟通中，我们要学会使用礼貌用语、使用积极的语言表达方式、鼓励对方讲话。

在客户服务的过程中经常说"您好"、"请"、"对不起"（很抱歉）、"请稍候"（请稍等）、"谢谢"、"再见"、"不用客气"等礼貌用语。

如果把"我猜你不明白我说的……"改为"对不起，我没有说明白，我的意思是……"，把"当我说……的时候，你一定是不信任我"这句改为"您一定愿意知道……"等，则后一种积极的表达方式更容易让客户接受。同样的意思用不同的表达方式，其效果完全不一样。

我们可以用如下几种表达方式，引导和鼓励对方讲话："您可以讲得再具体一些吗？"、"关于商品价格问题，您还有什么顾虑吗？"、"您的意思是……"。

在说话的时候，作为营业员还要学会将否定的表达方式改为肯定的表达方式，（请您试一试，把以下否定的表达方式改为肯定的表达方式，您将受益匪浅）如"我不能帮助你，除非……"；"我们这里不能处理这个问题，您需要打电话给……"。

或者经常练习用"我"代替"你"，（请您尝试把以下句子中的"你"用"我"来代替，看看结果有什么不同）如"你的名字叫什么？""你错了，不是那样的！""如果你需要我的帮助，你必须……"。

3.3 说话的艺术

3.3.1 把客户关心的问题作为交谈的话题

在我们和人沟通的过程中，往往会因为一句话而引起他人的不悦，因此要避免说错话。而最好的方法，就是根本不去说那句话。为了避免发出不当的批评，在你说任何话之前，应事先想想自己想说什么、该说什么。很多人往往心直口快，根本没想到自己犀利的言词可能对别人造成的伤害。因此，说话不能不经过大脑，在要说出口之前，先想想："如果别人对我这样说，我会作何感想？"、"我的批评是有害的、还是有益的?"在很多情况下，如果能多花一些时间，设身处地为他人着想，你就不会因说错话而引起他人的不悦了，这样也能避免提及客户不感兴趣的话题。

3.3.2 讲究说话的时机

当你要表达意见之前，必须先确定对方已经准备好并愿意听你说话了；否则，你只会浪费力气，对牛弹琴，白白错过了让别人接受你意见的大好机会。既然我们得选择良好的交谈时机，那什么时候开口才是最好的呢？其实要遇到最好的时机很困难，但是要遇到适于交谈的时机却不是难事。比如说，应避免谈论涉及隐私或一些敏感的话题；当对方感到烦躁时，也尽量避免继续谈论下去。

3.3.3 聆听客户的回馈

倾听是赢得客户好感的捷径，一个人要和别人交谈，不仅自己要懂得如何去说，也要懂得如何去聆听。缺乏聆听的技巧，往往会导致轻率的批评。一个人会任意地批评或发出不智的言论，往往是因为他不管别人要说什么，只想主控整个谈话的场面。如果你仔细聆听别人对你意见的回馈或反应，就能确定对方有没有在听你说话，得知对方是否已了解你的观点或感觉；而你也可以看出对方所关心、愿意讨论的重点在哪里。对于很多推销员来说，由于很多人没打开自己的耳朵，所以丧失了很多推销的机会。

3.3.4 了解客户的感受

【**案例3.7**】李小姐到商场购买了一款可以改善眼角鱼尾纹的修复霜，但买来后发现产品已经过期好几天了，于是她拿回到商场退货，营业员一听脸马上拉了下来说："商品一经出售不予退货，是你自己没看清，不能责怪别人。"李小姐一听也火了，争论说："你们卖的是过期产品还不让退货，这是什么道理？"于是李小姐愤怒地找到经理并向其投诉了这个营业员。最后李小姐丢下一句："再也不来你们商场买东西了！"转身就走。

❓思考 这个案例给你什么启示？

案例3.7中营业员对客户的退货表示反感因而让商场永久地损失了一位客户。

如果案例3.7中营业员能先试着了解客户的感受，也就能比较巧妙地说出让客户轻易接受的话。在遇到客户怒气冲冲退货时，营业员若当面对客户的批评或客户不悦的行为表示出反感和厌恶的情绪，那么这位客户不可能成为长期客户，如果营业员能找出客户批评背后真正的原因或需求，用另外一种说辞去化解这场冲突，那么自己也会得到客户的体谅。

3.3.5 灵活地扭转客户的心意

当客户闷闷不乐时可采取幽默法。例如，当客户认为没有什么好买时大胆

◆◆ 客户沟通技巧

地说:"别的客户也说过这样的话,可是他们最后都改变了看法。"以引起客户的疑问和好奇而进行正式的推销。当遇到客户发现商品的瑕疵时,不妨坦诚地承认并提出解决的方案。

3.3.6　失言时立刻致歉

勇于认错非常重要,当营业员发现自己的言语伤害到客户的时候,千万不要厚着脸皮不肯道歉。每个人偶尔都会说错话。但是营业员一定要善于察觉自己说了不该说的话,并马上设法更正。留意客户的言语或其他方面的反应,藉以判断是否需要道歉。如果营业员确实说错话了,就必须立刻道歉,勇于承认错误,不要试图编一大堆借口,以免越描越黑。

3.3.7　和客户沟通,不要和客户比赛

有的人在和人交谈时,时常把交谈看成是一种竞赛,一定要分出高下。如果营业员常在他人的话里寻找漏洞,常为某些细节争论不休,或常纠正他人的错误,借以炫耀自己知识渊博、伶牙俐齿。这样的营业员一定会让客户留下深刻的印象,不过那都是不好的印象。这些营业员忽略了沟通的技巧,因为他们把交谈当成了辩论,而不是信息、想法与感觉彼此交换的过程。

为了与客户有更好的沟通,这种竞赛式的谈话方式必须被舍弃,而采用一种随性、不具侵略性的谈话方式。当营业员这样表达意见时,客户就比较容易听取其建议,而不会产生排斥感。

延伸阅读

鼓掌效应[*]

——不要吝啬于赞美别人

鼓掌效应是指不吝于赞美别人,把营业员的掌声和鼓励不失时机地送给那些喜欢它的人。他们收到激励后,也会更加努力地回馈营业员,营业员也将可以得到更多的回馈。

赞美客户有助于营业员和客户形成良好的关系,进而达成交易并保持良好的合作关系。赞美对于营业员来说相当重要,它是一件好事,但绝不是一件易事。赞美客户如果不审时度势,不掌握良好的赞美技巧,即使营业员出于真

---

[*] 引自凡禹:《销售知识全知道》,华中科技大学出版社 2012 年版,第 52—54 页。

诚，也会将好事变成坏事。在赞美客户时，以下技巧是可以运用的。

1. 因人而异

客户素质有高低之分，年龄有长幼之别，因此要因人而异，突出个性，有所指的赞美比泛泛而谈的赞美更能收到好的效果。年长的客户总希望人们能够回忆起其当年雄风，与其交谈时，营业员可以将其自豪的过去作为话题，以此来博得客户的好感。对于年轻的客户则不妨适当地、夸张地赞扬他的开创精神和拼搏精神。对商人，可以赞扬其生意兴隆，经营有道；对于知识分子可以赞扬其淡泊名利、知识渊博；等等。当然，所有的赞扬都应该以事实为依据，千万不要虚夸。

2. 详细具体

在与客户的交往中，发现客户有显著成绩的时候并不多见，因此营业员要善于发现客户哪怕是最微小的长处，并不失时机地予以赞美。一般来说，赞美语言越翔实具体，就说明营业员对客户越了解，对客户的成绩越看重，让客户感觉到营业员真挚、亲切和可信，距离自然会越拉越近。试想，如果只是含糊其辞地赞美客户，说客户很出色或者很优秀，则很难引起客户对营业员谈话内容的关注，有时候还会引起客户的猜疑，甚至产生不必要的误解。

3. 情真意切

说话的根本在于真诚。虽然每一个人都喜欢听赞美的话，但如果营业员的赞美并不是基于事实或者发自内心，就很难让客户相信营业员，甚至客户会认为营业员在讽刺他。比如一位其貌不扬的女士，营业员硬要夸她美若天仙，就很可能招致客户的反感。一旦客户发现营业员说了违心的话，最可能的判断就是这个营业员不可信。因此，赞美必须真诚，确实是客户有可以赞美的地方，才能给予适当的赞美。如果营业员实在找不到客户可以赞美的地方，赞美其所喜爱的事物和人，也不失为一种赞美的好方法，比如赞美客户的孩子聪明伶俐等。

4. 合乎时宜

赞美客户要相机行事。开局赞美客户可以拉近与客户的距离，到交易达成后再赞美客户就有些过时。如果客户刚刚受到挫折，营业员的赞美往往能够起到激励其斗志的作用，但是如果客户取得了一些成就，已经被赞美声包围并对赞美产生抵制情绪，再加以赞美就容易被人认为有溜须拍马的嫌疑。赞美客户的时机选择是相当重要的，要选择恰当的时机向客户表示钦佩之情。

5. 雪中送炭

在我们的生活中，受挫折的环境实在太多。人们往往把赞美给予那些功成名就的胜利者，然而这种胜利者毕竟是极少数，很多人在平时处处受到打击，

◆◆ **客户沟通技巧**

很难听到一句赞美的话。营业员所需要面对的客户，在很大程度上都是这类人。因此，营业员的赞美很可能对于客户来说是雪中送炭。营业员适时地对客户进行赞美，往往能够让客户把营业员当作知心朋友来对待。在这种环境中，最容易达成交易。当然，对于营业员来说，不要存在任何愧疚，认为这是通过与客户拉关系来推销产品，只要营业员的赞美是出于真心诚意，这种方法就是可行的。

此外，赞美不一定都要表现在语言上，通过目光、手势或者微笑都可以表达对客户的赞美之情。

④ 听的艺术

"兼听则明,偏听则暗。"

❹ 听的艺术

> 传话游戏

游戏说明：
第一个学员把纸条上的句子记住，小声地一个传一个，直到最后一个学员，最后一个学员把所听到的内容写到白纸上，看哪一组的准确率高。

游戏目标：
让学员了解并学会倾听。

指导方法：
（1）游戏需要的材料：
◇ 纸条。
（2）游戏场地：
◇ 教室或培训室。
（3）游戏规则：
◇ 全班分成2组，每组20人。
◇ 每组第一个人拿到纸条后，仔细阅读（30秒）。
◇ 然后对旁边的人悄悄说，并依次传下去。
◇ 传的过程不准相互讨论。
◇ 最后一个人把所听到的内容写到白纸上。
◇ 最准确、最快的一组为胜。
评判：准确为第一标准，速度为第二标准。
获胜的小组可以得到适当的奖励。
（4）游戏感悟：
◇ 请参与游戏的学员畅所欲言。

4.1 会说的，就一定会听吗

俗话说："说三分，听七分。""会说的，不如会听的。"

课堂上，我问学员们："听重要还是说重要？"他们有的说"听"，有的说"说"，各执一词，互不相让。于是，我开始让他们玩一个游戏——传话游戏。

他们开始的时候都信心满满，认为一句话那么简单，肯定是不会传错的，结果从第一个传下去的话，到最后一个说出来的答案，完全是大相径庭。在各组中各式各样的答案令人爆笑不已，在他们的爆笑、诧异之中，我让他们开始反思会听与会说之间的关系。

"上天赐予我们两只耳朵，却只有一张嘴，就是为了少说多听。"

倾听是人的本能，通过倾听来接受外界的信息；倾听是你了解认识这个世界的重要途径，婴幼儿就是从倾听中渐渐成长起来。因此，只有会听，才能真正会说，才能及时捕捉信息，更好地了解对方，进行有效的交流。

4.2 你真的听懂了吗

【案例 4.1】有一天，美国知名主持人林克莱特访问一位小朋友，问他说："你长大后想要当什么呀？"

小朋友天真地回答："嗯——我要当飞机的驾驶员！"

林克莱特接着问："如果有一天，你的飞机飞到太平洋上空，所有引擎都熄火了，你会怎么办？"

小朋友想了想："我会先告诉坐在飞机上的人都绑好安全带，然后我挂上我的降落伞跳出去。"

现场的观众大笑，认为这个孩子是个自作聪明、不顾别人的家伙。

这时，林克莱特继续注视着这孩子，没想到，接着孩子的两行热泪夺眶而出，这才使得林克莱特发觉这孩子的悲悯之情是真实不虚的。

于是林克莱特问他说："为什么要这么做？"

小孩的答案透露出一个孩子真挚的想法："我要去拿燃料，我还要回来！！"

思考 这个案例给你什么启示？

案例 4.1 中的观众没有听完小孩的话，就大笑起来，严重地误解了小孩的意思，认为小孩是个自作聪明、不顾别人的人。林克莱特看到小孩的表情受伤，继续询问，才终于明白小孩的真实想法，虽然幼稚但是真诚。

在与人沟通的过程中，会听很重要。当你倾听别人说话时，首先，要确定你是否真的听懂了别人说话的意思，如果不是，就请听别人说完吧；其次，不能把自己的意思强加于别人所说的话之上；最后，要学会聆听、用心听、虚心听。这就是"听的艺术"。

4.3 学会如何倾听

在一次成功的会谈中，说占了三分，倾听占了七分，从这里可以看出，一个会倾听的人，将在一次会谈中赢得相当大的胜算。

最有价值的人，不一定是最能说的人。倾听，并不是毫无意义地附和，一个优秀的倾听者可以从中获取大量信息，可以赢得对方的喜欢，甚至可以提高自己的谈吐水平。通过倾听，我们可以理解他人并被他人理解，能更好地促进人际关系，同时提高工作效率。善于倾听，是成熟的人最基本的素质。

4.3.1 倾听的含义

国际倾听协会将倾听定义为是接受口头及非语言信息、确定其含义和对此做出反应的过程。

听——人体听觉器官接收到声音，是人对声音的生理反应。

倾听——以听到声音为前提，更重要的是对声音作出反应，无论是语言的还是非语言的反应。

听本来是一件很简单的事，但因为人与人之间复杂的关系，会将心里想的森林说成天空中的小鸟，这些"弦外之音"，往往会让听的人陷入云里雾里。

在日常生活中，"倾听"很容易会被当作"听见"。但"倾听"与"听"不同，它包括用耳朵听、用眼睛看、用嘴巴说、用脑袋思考、用心灵感受。倾听是以听到声音为前提，核心却是对声音作出的反应。倾听是一个主动参与的过程，在这个过程中，人必须思考、接收、理解，并且做出一定的反馈。

因此，倾听并不是单纯地听，不仅要深层地听出对方说话背后的意思，还要领悟对方的心意；明白对方说这句话的出发点、动机以及想要达到的目的。

【案例4.2】曾经有个小国的使者到中国进贡了三个一模一样的金人，皇帝高兴极了。可是这小国的使者不厚道，同时出了一道题目：这三个金人哪个最有价值？皇帝想了许多办法，请来珠宝匠检查，称重量、看做工都是一模一样的。

怎么办？使者还等着回去汇报呢！泱泱大国，不会连这等小事都不懂吧？最后，有一位退位的老臣说他有办法。皇帝将使者请到大殿，老臣胸有成竹地拿着三根稻草，插入第一个金人的耳朵里的稻草从另一只耳朵出来了，插入第二个金人的稻草从嘴巴里直接掉出来了，而插入第三个金人的稻草进去后掉进了肚子里，什么响动也没有。老臣说第三个金人最有价值。使者默默无语，答案正确。

这个故事告诉我们，最有价值的人不一定是最能说的人。上天给我们两只耳朵一个嘴巴，本来就是让我们多听少说的。

◆◆ 客户沟通技巧

> **思考** 这个案例给你什么启示?

在人与人之间的合作中,最有效的是倾听,最基本的前提也是倾听。但是,很多人的倾听不是为了理解,而是为了得到答复,却忽略了想要得到答复之前必须专心地倾听,理解对方的观点,即忽略了交流的关键。

4.3.2 倾听的作用

倾听可以取他人之长补己之短;可以帮助他人理清思绪,为他人解除压力;还可以使他人感受到被尊重和被欣赏;能真实地了解他人,以增加沟通的效力;还是解决冲突、矛盾、处理抱怨的最好方法;少说多听,还可以保守自己必要的秘密。

在人类所有的沟通行为中,倾听是最容易被忽视的一项。现代人尤其不注重发挥倾听的功能,倾听能力也不强,构成沟通障碍,造成人与人之间的隔阂。

泰勒斯(Thales)说过:"多言不表明有才智。"喀隆说过:"不要让你的舌头超出你的思想。"

多听少说是一种智慧,让下面这个小故事来给我们一些启发。

【案例4.3】 在某个宴会上,好几个人围在一起热烈地讨论文学等话题。大家越说越开心,彼此奉承之间不时夹杂着英文专业术语,一时热闹无比。

不知不觉地几个小时过去了,大家才忽然发现,其中有个人从头到尾都没有说过一句话,始终面带微笑,认真地倾听大家的谈话。

于是,有一个人问他:"你一直默默地听我们说话,但你却不发一言,是不是认为我们很幼稚?"他微笑地摇摇头。

另一个人说:"真是惭愧啊!我们装出一副什么都知道的样子,其实都是夸夸其谈,没有什么独到的见解。你静静地听了这么久,能不能请你客观地说出你的看法呢?"

然而,他只回了一句话:"各位都很厉害,可以让我作参考。"却备受尊敬。

> **思考** 这个案例给你什么启示?

案例4.3中,那个人由头到尾都没说过一句话,但是他善于倾听,也让别人知道他是在认真听。懂得倾听别人的人,往往会受到别人的尊敬。

多听还需要善听。有些话不是听过就算了，要细细地思考话中的真意，过滤出其中的精华，收集自己所需要的信息。

少说并不是指说得少。少说多思，不让自己的舌头超出思想，慎用语言，在表达的时候准确有力地用最少的话来包含最多的内容。

4.3.3 倾听的层次

缺乏有效的倾听是人际交往中的大忌，不仅会错失良机，产生误解，还可能会因此做出拙劣的决策，没有及时发现问题和解决问题，从而导致危机的诞生。但是，有效的倾听是可以通过学习而获得的技巧。

倾听可以分为五个层次。这五个层次就是沟通能力和交流效率一层一层提高的过程。

第一层：完全的漠视。在这个层次中，听者完全没有注意到说话者所说的内容，一直假装在听，脑海却思考着其他的事情，或者在内心辩驳说话者，没有用心去领悟其中的意思，只沉浸在自己的世界。这个是最糟糕的听，连耳朵都没打开。

第二层：假装在听。假装在听，则是耳朵打开了，却没有打开心、脑去思考。表面看起来确实是在听，有时候也会通过点头、应声来表示正在听；表面看起来好像是理解了，但实际上并非如此；也有可能是为了寻找自己发言的机会，不得不偶尔听一下说话者在说什么，以便见缝插针，发表自己的意见。所以，他对别人的讲话是从左耳进、右耳出。

以上两种状况的人均以自以为是、对别人不屑一顾者居多。

第三层：选择性的听。听者在拥有先入为主的观念中，往往只听自己想听的部分。换言之，这种人对于他人之言有一种"偏食"的习惯，对他认可的对象或话题，才会打开全身的"收讯器"去认真倾听。这种类型的人，遍布各阶层，而且职位越高者，听的层次越有可能局限于自身成功的经验，认为自己足以判断何人何事可听、何事不可听。

上述三种层次的听都是不合格的听，但这三种类型的听者约占70%。

第四层：积极同理性的听。这个层次的倾听，是在对方讲话的时候，眼睛能看着对方，专注地听，并且撇开成见，站在对方立场上去思考。这种倾听就是打开身上所有的"收讯器"，去感受、去观察，让自己与对方"感同身受"。这种倾听不但可以听到事实，还可以听到对方的心理。这种心理层面是非语言透露出来的信息，远比话语更重要。

第五层：专业咨询的听。这是最高层次的倾听，这类人会使用一定的倾听技巧去倾听他人，通过倾听技巧能在对方不愿表达底层意见时，而使对方讲出

◆◆ 客户沟通技巧

来,并且解决问题。例如,美国心理治疗师须经过3000个小时的倾听学习才能拿到执照。关于这一层次的倾听,笔者想和大家分享一个小故事:

【案例4.4】 张先生到一家超市里买风扇:
"先生,"店员很有礼貌地说,"您是想要好一点的还是要次一点的呢?"
"当然是要好的,"张先生有点不高兴地说,"不好的东西谁要呢?"
店员就把最好的一种风扇拿出来。
"这是最好的吗?"张先生问。
"是的,"店员说,"而且是牌子最老的一种。"
"那多少钱?"
"540元。"
"什么?"张先生把眼睛瞪得很大说,"这么贵?可我听说,最好的才200多元。"
"200多元的我们店有啊,"店员说,"但那不是最好的。"
"可是,至于差这么多钱吗?"
"差得并不多,还有几十元一个的呢。"
张先生一听,脸色沉了下来,掉头想走。这时,店面经理急忙赶了过来。
"先生,"店面经理说,"您想买风扇是不是?我来介绍一种好产品给您。"
"什么样的?"
店面经理拿出另外一种牌子来,说:"就是这一种,请您看一看,式样还不错吧?"
"是不错,不过,多少钱?"
"180元。"
"照你店员刚才的说法,这不是最好的,我不要。"
"我这位店员刚才没有说清楚,"店面经理说,"风扇有好几种牌子,每种牌子都有最好的货色,我刚拿出的这一种,是同一种牌子里最好的。"
"可是,为什么比那种牌子差那么多钱?"
"这是因为制造成本的原因,"店面经理用一种亲切的语气说,"您知道,每种品牌的机器构造不一样,所用材料也不同,所以,在价格上会有出入。至于那种品牌的价钱高,主要还是它的牌子老,信誉好,而且轻便,风速稳定。"
"噢,原来是这样。"张先生的神色缓和了很多。
"其实,"店面经理接着说,"有很多人喜欢用新牌子的。就拿我来说吧,我就是用的这种牌子,性能并不差。而且它有个最大的优点,体积小,用起来方便,风速又大,我看您就买这种吧,保证不会让您失望。"

❹ 听的艺术

❓ 思考 这个案例给你什么的所示？

案例4.4中的店员错在没有摸清楚张先生的真正心理。张先生一进门就要最好的，这表明他优越感很强，可是一听价钱，又嫌太贵，这可能与他的经济实力有关。张先生会质疑，那是因为他不肯承认自己舍不得买。假如想要做成这笔生意，就要变换一种方式，在不损害他的优越感的情况下，让他买一种比较便宜的货。而店面经理的成功在他善于倾听，从对方的话中巧妙地听出弦外之音，打探出对方的虚实，达到了自己的目的。

4.3.4 好的倾听者

好的倾听者在与客户沟通时应该做到：适当地保持目光接触；对讲话者的语言和非语言行为保持注意和警觉；容忍并且不打断（等待讲话者讲完）；使用语言和非语言表达来表示回应；用不带威胁的语气来提问；解释、重申和概述讲话者所说的内容；提供建设性（语言和非语言）的反馈；移情（起理解讲话者的作用）。

眼睛是心灵的窗户，眼神往往能透露出一个人内心的想法。如果一个人在听别人讲话时，在点头附和的同时却没将视线放在讲话者的身上，东张西望的，那么则表示对讲话者所讲的内容不感兴趣，在想办法制止对方说下去。而另外一种，将视线集中在对方的眼部和面部，则是真诚的倾听，表示对对方的尊重和理解。

所以，在交流过程中，作为一个倾听者，目光要不断地与谈话人的目光会合，在说到关键的时候要目不转睛地看着对方，要根据对方讲话的内容给予不同的眼神交流，以增强谈话的效果，让对方觉得你们不仅仅是在谈话，更多的是心灵上的交流。

在交流倾听的过程中，当一个专心耐心的倾听者并不容易，但当讲话者诉说的时候，专心耐心是一个倾听者必要的修养。而且，往往有一些人在不好明说的事情上，喜欢用弦外之音来提示对方，这个更加需要倾听者的专心和耐心。

在双向的交流中，讲话者往往会在语言表达的基础上辅之肢体语言。有时候会直接用肢体语言来表达所说的话。如果不随时保持专心，对于对方表达的信息没有及时地给予回应反馈，便可能会造成一次失败的会谈。

人与人之间，由于教育环境、个人爱好不同，世界观、人生观、价值观也有所不同。然而，作为一个好的倾听者，即使听到不赞同的观点，也不能立刻打断，应当等讲话者讲完再陈述自己的观点。

在讲话者表达自己的意见和想法的时候，为了让对方知道自己在专心地听、没有敷衍的态度，需要给对方一点回应，无论是手势还是应声。交流是双向的，不是单向的。

在双方持对立意见的时，如说话语气不对很容易引起误会、挑起导火索，甚至可能一瞬间就会剑拔弩张。反之，用平和的语气交谈，站在中肯的角度平心静气陈述自己的问题和意见，才能得到最好的会谈效果。

当不了解对方所说的意思时，可以根据自己的理解来解释一下对方的话，以求证是不是双方都是一样的意思；又或者可以概述、重复对方所说的话，用疑问的语气来征求对方的一致意见，以确保双方都达成共识，避免误会的产生。

对于对方所提出的疑问，应当即时回答并积极反馈，可以运用语言和肢体动作。

和讲话者沟通的时候，要学会从对方的角度来看事物，会更快地引起共鸣、得到理解。

在会谈的时候，应显示出对讲话者的外貌（或性别、姓氏）的兴趣。适当表示关注和愿意倾听的态度。对对方的讲话不作批评、不作主观判断。

4.3.5 差的倾听者

相对于在会谈中专心听讲、尊重对方、不打断且及时给予反馈的优秀倾听者，差的倾听者则常犯以下错误：①不耐烦地打断讲话者；②在谈话过程中没有目光接触，甚至眼神迷离；③坐立不安，看起来心烦意乱，没有把注意力放在讲话者身上；④对讲话者的讲话内容不感兴趣、走神，并且很少给讲话者反馈或根本没有反馈（无论是语言的还是非语言的）；⑤轻易改变讲话主题并没有经过对方的同意，擅自对结论做判断；⑥只顾滔滔不绝地讲自己的事，没有和对方互动；等等。

倾听常被视为一种被动的活动，是失去控制力或权力的表现。管理者的角色通常要求他们多说少听，而且说总是比听更具有导向性的行为。不良的倾听因此诞生，这种情况经常发生在上层与对下层的沟通中。

倾听并不是一件容易的事情，如果不专心、注意力不集中、没有选择重点的去理解，那么倾听的效率是低下的。

即便是专心倾听，也可能因为双方在语意理解层次上的不同，又或者受感情因素和讲话速度与思考速度的影响；还可能因为身体上的生理原因和急于发言的心理，而在会谈过程中造成"对牛弹琴"。

❹ 听的艺术

在积极双向的交流中,需要付出很多努力,结果当然比之前好很多。因此,当要求别人重复、解释的时候,或者以其他方式进行积极交流的时候,结果经常不同。另外,交流时要确保利用了所有工具,才能得到最好的效果。下面,让我们通过玩一个游戏来认识积极交流和消极交流。

➡ 积极交流和消极交流

游戏说明:
用讲故事的方式来表现积极交流和消极交流。
学习目标:
确定消极(单向的)交流的组成;
确定积极(双向的)交流的组成;
确定积极交流和消极交流的价值以及什么时候使用哪种交流比较好。
指导方法:
✧ 先挑选出3位参加游戏的学员。
✧ 让他们走出门外,然后轮流进来参加游戏。
✧ 叫第一个学员进来,先重申条件:只读一次,并且不会重复、不回答任何问题、不归纳、不解释。再向他读故事,读完让他向其他学员重述这个故事,要有开端、发展和结尾。
✧ 叫第二个学员进来,让第一个学员告诉他这个故事,条件同上,然后让第二个学员听完后向其他学员重述。
✧ 叫第三个学员进来,给第一个学员一个故事副本,然后让他给第三个学员讲故事。条件:可以提问、重复问题、做出解释和归纳,直到完全理解整个故事为止。
✧ 然后向其他学员重述这个故事。
游戏感悟:
请参加游戏的学员发表感想。
其实,从这个游戏可以得知,在消极单向的交流下,很多事实、姓名、日期、次数、地点和细节等信息都变得模糊不清。随着每个人转述这个故事,情况会变得越来越糟糕。通常会遗漏故事的某些部分或只保留关键部分,有时候还会重新编造一个故事。

4.3.6 如何倾听

倾听包括"一法则"、"二会听"。"一法则"即空杯法则,"二会听"是

◆◆ 客户沟通技巧

指会听上司和会听客户。

　　古时候，有一位佛学造诣很深的人，去寺庙拜访一位德高望重的老禅师。老禅师派徒弟去接待他时，他态度傲慢，心想："我是佛学造诣很深的人，你算老几？"后来老禅师十分恭敬地接待了他，并给他沏茶。但倒水时，明明杯子已经满了，老禅师还不停地倒。他不禁喊到："……哎呀……，……水满了！满了！"大师说："不把水倒出来怎么能倒进去呢？！"

　　禅师的意思是，既然你已经很有学问了，干吗还要到我这里求教？这就是"空杯心态"的起源。

　　本书所讲的"空杯法则"源自"空杯心态"，是指倾听的一大原则即在与他人说话时，要先把自己的想法清空，然后再去接受他人的观点，彼此融合。把自己所得到的知识、所拥有的想法进行调整，整理出空位，才有位置去放置新的知识和想法。

　　会听上司是指能够抓住上司下达指令的重点，倾听时能放松、专心，眼睛注视上司，适当做记录。在上司讲话结束以后，有不明白的地方可以在思考后向上司提问。

　　会听客户是指对于客户的讲话要抓住重点，关注客户所表达的内容，根据客户所透露的信息来采取行动，进行产品推销。

4.3.7　倾听的辅助技巧

有效的倾听要求倾听者首先要清空自己的思想，站在讲话者的角度去理解他所说的问题，并且对于对方所提出的疑问予以积极回应，采用复述、摘要、概述等方式来确保自己的理解和讲话者所表达的信息一致，如果讲话者对自己的想法、做法等有疑问，不要急于反驳，等讲话者讲完再澄清。而最重要的一点是，在会谈的过程中，要始终保持积极的心态。

4.3.8　影响倾听的细节

（1）整个人都坐在椅子里，身体后仰，靠在椅背上。

这样表达的信息是：听你说话好累。

（2）眼睛左顾右盼，张望窗外。

这样的反应，让人一眼就看出的意思是：你可不可以不要再说了。

（3）做自己的事。

往往会让别人认为你没听他讲，会有种被冷落而索然无味的感受，以至无心再说下去。

（4）手里一直转笔。

此时你的心里想的绝大部分可能是：真的有些无聊。

（5）身子不停转来转去、不停地变换站立姿势。

这样很清晰地表达出一个信息：什么时候可以结束？

（6）双手交叉抱在胸前，脚无节奏地敲着地面。

双手交叉抱胸是一个保护和拒绝接受的动作，这样的动作往往会让人理解为：我不想听你说下去了，你怎么还不结束？

（7）两腿交叉或脚跷起来，不时摇晃。

这样子会让讲话者认为：抖动的腿脚会分散说话者的注意力，让他觉得你没专心听他说话。

（8）打哈欠、伸懒腰。只有疲惫、无聊的人才会做这两个动作，而在会谈中做这两个动作，即是表达：我对你所说的东西没什么兴趣。

4.3.9　倾听的阻碍因素

有效的倾听，天时、地利、人和是缺一不可的。

但由于双方的观点不同，或是对对方本来就存在着偏见，那么就难以接收到讲话者所表达的信息。倾听需要在足够的时间内进行，时间短了导致表达的信息不足；如果急于表达自己的观点，脑海中翻腾着自己的想法，将没有位置去存放对方所表达的内容；会谈环境的嘈杂，会干扰信息的传递过程，消减、歪曲信号，还会影响沟通者的心境。

4.3.10 倾听的回应方式

倾听的回应方式可以分为被动式倾听、复述、赞同式倾听。

若想让客户知道你明白他说的话，最简单的方法就是被动式聆听，特别是当客户没有向你提出询问，但你又想让客户知道你明白他的想法，用被动式聆听十分有用。可以用"是的"、"我明白"等词语。

为了正确地倾听说话者所表达的内容，必须认识自己对所讨论主题的倾向，在此过程中并不需要改变自己的观点，但是要能衡量并了解别人的观点。在此基础上倾听信息、评价说话者的观点，然后再对做出判断之前的想法是否符合事实进行分析。

复述可以帮你清楚地了解客户所说的话，复述时要使用不同的字眼重复客户所说的话。例如客户说："我打了好几次电话，可您一直没有答复。"你可以复述："请问您打过电话过来还没有得到答复，是吗？"

【案例 4.5】 张小敏是一个汽车业务员，她把自己销售的成功归功于完整的倾听。她在和潜在客户进行会谈时，总是仔细倾听客户的需求，然后把每一项要求都记录下来，客户要什么颜色、什么车型、什么时候交货等条件，她都一一记录下来并和客户进行再次确认。如果有不清楚的地方，她还会和客户核实清楚。她认为毫无遗漏地倾听并且记录是一种辛苦的工作，因为这需要花很多时间，而且会很疲惫。但是，这样做效果非常显著。

有些人总喜欢抱怨，他们不一定对服务或产品不满，而可能是不满其他的一些人物或事情，这时，你可以附和他的看法。说话的目的是表达出个人的思想和意念，任何人都有想要表现自己、表达主张的欲望，倘若有人能够满足这个自我表现的欲望，聆听者必定会视说话者为知音。而且在倾听中了解对方的想法和要求，才能做到有的放矢并解决问题。

【案例 4.6】 卢小姐在订购的酸奶中发现了一块玻璃碎片，于是前往牛奶公司投诉。卢小姐的情绪相当激动，她一路上已经打好腹稿，想好了很多尖酸刻薄的语言来讽刺牛奶公司。一到总经理办公室，连自我介绍都省略了，直接就"开火"了：

"你们牛奶公司，简直就是要命公司！你们都掉进钱眼里去了，为了自己

❹ 听的艺术

多赚钱，多分奖金，把我们消费者的生死置之度外……"

好在牛奶公司洪经理经验丰富，面对这么大的事件，毫不动怒，仍旧诚恳地对卢小姐说："小姐，究竟发生了什么事？请您快点告诉我好吗？"

卢小姐继续激动地说："你放心，我来这里正是为了告诉你这件事的。"说完，从提袋中拿出一瓶酸奶，"砰"的一声，重重地往办公桌一放，说："你自己看看，你们做了什么样的好事！"

经理拿起瓶子仔细一看，什么都明白了。他敛起微笑，有些激动，说："这怎么搞的，人吃下这东西是要命的！特别是老人和小孩子，若吃到肚子里，后果不堪设想！"

说到这里，经理一把拉住卢小姐的手，急切地问："请您赶快告诉我，家里是否有人误吞了玻璃片，或被它刺伤口腔。咱们现在马上派车送他们到医院治疗。"说着，拿起电话准备叫车。

这时候，卢小姐心中的怒火已十去八九了，她告诉经理说，并没有人受伤。经理这才转忧为喜，掏出手帕，擦擦额头上渗出的汗珠说："哎呀！真是谢天谢地！"

接着，经理对卢小姐说："我代表公司的干部职工向您表示感谢，因为您为我们指出了工作中的一个巨大的事故隐患，我要将此事立刻向公司通报，采取措施，今后务必杜绝此类事情再次发生。还有，您的这瓶酸奶，我们要照价赔偿。"

经理这番话，一下子将气氛给缓和了。卢小姐接过那瓶酸奶钱的时候，气已经消了，而且还有点内疚："经理是个这么好的人，我开始真不该那么说话。"

接着，她便开始向洪经理建议，采取怎样的措施才能避免此类事故的再次发生。结果越谈越融洽，原来双方都是站在一个立场上的。

▶ 延伸阅读

示范效应[*]
——与客户思维同步

要想快速地进入客户的内心世界，就要从对方的观点、立场看事情、听事情、感受事情，或者体会事情。做到与客户情绪同步最重要的是"设身处地"这四个字。

---

[*] 引自凡禹：《销售知识全知道》，华中科技大学出版社 2012 年版，第 39—41 页。

◆◆ 客户沟通技巧

【案例4.7】宋朝著名才子苏东坡，经常与高僧佛印一起参禅。有一天，两人又坐在一起参禅，苏东坡见佛印身披黄色袈裟，身材魁梧，遂灵机一动，笑呵呵地对他说："你知道我看你像什么吗？"佛印一下愣住了，傻傻地问他："东坡兄，你看我像什么啊？"苏东坡哈哈大笑，说："活像一摊牛粪。"佛印微微点头，说："东坡兄，你知道我看你像什么吗？"东坡闻声，以为佛印要以牙还牙，忙收敛笑容，很小心地问："你看我像什么？"只见佛印一字一句地说道："东坡兄，你一袭学士长袍，满脸红光，活像一尊佛！"话毕，深深一鞠躬。

苏东坡找来苏小妹"分享战果"。苏小妹娓娓道来："哥哥，你可知道参禅的人最讲究的是什么？是见心见性。你'心中有佛，见人是佛'，'心中有大粪，见人是大粪'。"苏东坡顿时满脸羞愧，无言以对。

这个故事正反映了心理学上的"投射效应"。所谓"投射"，是一个人将内在生命中的价值观与情感好恶影射到外在世界的人、事、物上的心理现象。

而"投射效应"对销售员来说重要的一条启示是：保持与客户思维的同步，只有你的想法、行动与客户相一致，才能让客户更容易接受你。所以，优秀的推销员懂得，让自己有亲和力的其中一个特别有效的方法是：在沟通时与对方保持精神上的同步。

首先，情绪同步，也就是你能快速地进入客户的内心世界，能够从对方的观点、立场看事情、听事情、感受事情、体会事情，做到与客户情绪同步最重要的是"设身处地"这四个字。

另外，在语调和语速上也要同步。这要求先学习和使用对方的表象系统来沟通。所谓表象系统，分为五大类。每一个人在接受外界讯息时，都是通过五种感官来传达及接收的，它们分别是视觉、听觉、触觉、嗅觉、味觉。而在沟通上，最主要的乃是通过视、听、触三种渠道。由于受到环境、背景及先天条件的影响，每个人都会特别偏重于使用其中某一种感官要素来作为头脑接收处理信息的主要渠道。

1. 视觉型的人

这种类型的人的头脑在处理信息的时候，大部分会通过视觉画面的储存来处理。所以，视觉性的人特别容易回忆起图像或在头脑里看到画面。因为视觉图像的变化速度一般较说话速度快，所以视觉型的人为了能跟上头脑的图像变化速度，说话就会比较快。视觉型的人的第一个特征是说话速度快，第二个特征是音调比较高，因为，通常一个人说话速度越快，相对的音调也就越高一些，第三个特征是胸腔起伏比较明显，第四个特征是形体语言比较丰富。

2. 听觉型的人

这种类型的人的头脑在处理信息的时候，大部分通过声音来处理，声音变化没有视觉画面变化快。相对来讲，听觉型的人比视觉型的人讲话速度慢，语速适中，音调有高有低，比较生动。听觉型的人对声音特别敏感。另外，听觉型的人在听别人说话时，眼睛并不是专注地看对方，而是耳朵偏向对方的说话方向。

3. 感觉型的人

与以上两种类型的人都不同。感觉型的人的第一个特征是讲话速度比较慢，第二个特征是音调比较低沉、有磁性，第三个特征是讲话有停顿、若有所思，第四个特征是听人讲话时视线总喜欢往下看。

对不同表象系统的人，优秀的销售员会使用不同的语速、语调来说话；换句话说，就是用客户的频率来和他沟通。以听觉型的人为例，如果你想和他沟通或说服他去做某件事，但是却用视觉型极快的说话速度向他描述恐怕收效不大。相反，你得像他一样用听觉型的说话方式，不急不缓，用像他一样的说话速度和语调，他才能听得真切；否则，你说得再好，他也听不懂。再以视觉型的人为例，若你以感觉型的人的方式对他说话，慢吞吞且不时停顿地说出你的想法，不把他急死才怪。

因此，优秀的销售员对不同的客户会用不同的说话方式，对方说话速度快，就跟他一样快；对方说话声调高，就和他一样高；对方讲话时常停顿，就和他一样也时常停顿，这样才不会出现"各说各话"的尴尬情景。因为优秀的销售员能做到这一点，所以他们很容易对客户形成极强的亲和力，对各种客户应对自如。

5 问的艺术

"好问则裕,自用则小。"

❺ 问的艺术

> 训练游戏

猜猜它是谁

游戏说明：

通过提问来猜是什么动物名。

游戏目标：

让学员体会问话的技巧。

指导方法：

(1) 游戏设计。

◇ 游戏需要四位志愿者（甲、乙、丙、丁）。

◇ 甲：上讲台在白纸上写上一个动物的名字。

◇ 乙：通过提问来猜写的是什么动物名。

◇ 丙、丁负责把甲、乙对话写在黑板上。

(2) 游戏规则。

◇ 乙必须闭上眼睛，最多提出6个问题来猜动物名？

◇ 乙不能问"写的是什么"这个问题，其他问题甲如实回答。

◇ 丙负责把甲的问题写在黑板上。

◇ 丁负责把乙的答案写在黑板上。

猜猜他/她是谁

游戏说明：

通过提问来猜出同学的名字。

游戏目标：

让学员体会到问话的技巧。

指导方法：

(1) 游戏设计：

◇ 游戏需要四位志愿者（甲、乙、丙、丁）。

◇ 甲：上讲台在白纸上写上一位同学的名字。

◇ 乙：猜测写的是谁。

◇ 丙、丁负责把甲、乙的对话写在黑板上。

(2) 游戏规则：

◇ 乙必须闭上眼睛，最多提出6个问题来猜写的是谁。

◇ 乙不能问"写的是谁"这个问题，其他问题甲如实回答。

◆ 丙负责把甲的问题写在黑板上。
◆ 丁负责把乙的答案写在黑板上。

（3）游戏感悟：

◆ 请游戏中的乙谈论感悟。

通过提问来确定答案，并不是一开始就可以问出来的。学员都很聪明，从大范围来确定小范围，从开始的开放式提问来到后面封闭式提问。这样能够慢慢确定答案。

游戏中，学员只知道一个大概的方向，而在提问之初，都没有好好正视问题，浪费了好几个问题，也没有得出一个所以然来。后来，后面的学员通过上一个学员的教训，开始思考，从第一个问题开始，缩小范围，基本到第四、第五个问题都已经得出答案。由此可见，在问的过程中，要非常注意技巧，而通过这样的练习，能够大幅提升自己提问的能力。

5.1 你学会问了吗

三分问，七分听，适时巧发问。

在经过上一章关于倾听的学习后，了解了在会谈中如何听、怎样听才是一个成功的倾听者。倾听是了解客户需求的第一步，听客户说出他的意思是对客户采取何种销售方式的先决条件；听客户抱怨更是解决问题，重新让客户对倾听者产生信心的关键。

但是，会听还是不够的，在双向沟通的过程中，想要得到有效的信息，需要巧妙地提问。而这一章，我们将要学习在会谈中如何问、怎样问才能得到自己想要的答案。

问是所有销售说服的关键，其重要性不言而喻。问客户问题，客户就会顺着你的思路去想问题，焦点就转移到了客户身上。只有你问的多，客户才会说的多，从客户嘴里传达出来的信息才会多。当你掌握了客户大量的有关信息，那么你还能不成功吗？所以在说服客户的过程中，我们需要多问，而不是多说，而且在销售过程也应该遵循多问少说的原则。

5.2 提问在沟通中有何用

何谓言语？

《周礼》曰："发端曰言，答述曰语。"

法国启蒙思想家、作家、哲学家伏尔泰说："判断一个人要根据他的问话,而不是他的回答。"

爱因斯坦说:"提出一个问题往往比解决一个问题更重要。"

普列汉诺夫说:"聪明的有教养的头脑的第一个标志,就是善于提问。"

美国新闻学家杰克·海敦说:"大约有百分之九十九的新闻是部分或全部以访问——也就是向别人提问——为基础写成的。"

一般地说,提问要比讲述好,但要提有分量的问题并不容易。简而言之,提问要掌握两个要点:

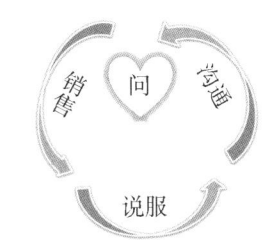

第一,提出探索式的问题。以便发现客户的购买意图以及怎样让他们从购买的产品中得到他们需要的利益,就能针对客户的需要为他们提供恰当的服务,使买卖成交。

第二,提出引导式的问题。让客户对你打算为他们提供的产品和服务产生信任。

5.2.1 有效的提问和倾听是客户沟通成功的关键

提问和倾听是销售过程中最重要的内容。客户交流是通过提问和倾听进行的,最有效的销售拜访应该包括25%的提问、介绍和75%的倾听,所以成功的销售员都是最善于提问和倾听的。

正确的提问能让潜在客户告诉你为做成生意你所需要的一切。提问是每个销售人员应该掌握的最重要的技巧。把有力的提问和有效的倾听技巧结合起来,就具备了发现事实和需求并且以适当的回答推动潜在客户做出购买决策的能力。

5.2.2 不提问是沟通中的障碍

在沟通失败时,营业员要先找出沟通失败的原因,才能为自己找到正确的沟通方式。

沟通失败的原因主要有:问题不够有力;倾听不够有效;自以为是地判断潜在客户是哪类人,预想出答案并打断对话;以为知道了所有的事实,因此不愿再费力去提问并全神贯注地倾听;没有发现客户的真正需求。

在客户沟通或销售过程中,拒绝是客户的惯性动作。要想知道客户的想法,达到自己的目的,就要积极主动地找出客户拒绝的理由,以便有针对性地打消他们的顾虑。但客户是不会主动说出拒绝的理由的,因此,运用良好的语言技巧采用提问或者反问是最行之有效的方法。

沟通中,谁想要从另一方得到更多的东西,谁就必须做到一点:多听少说。对方说得越多，我们获得的东西就越多。

沟通中，让对方说得越多，我们了解对方真正意图的机会就越多。所谓知己知彼，百战不殆。当你掌握对方的情况，远比对方知道你的情况还要多时，便会自然而然地把握住了先机。

5.2.3 提问所需要的方法

在与客户打交道时，提问要比讲述好。掌握察言观色的技巧，根据具体环境的特点和客户的不同特点进行有效的提问。有效的提问能够清楚地知道客户的需求，保持良好的互动关系，掌控谈话的进程，避免双方出现误会。提问的方法如下：

（1）学会一次只问一个问题。在和客户交谈的过程中，一次只能问一个问题，一次不能连续问几个问题，直到客户回答了之后才问下一个。在课堂上，有一些老师在问了一个问题之后，学员没有回答，然后又换一个问题问，这样子问题会越问越死。所以，在客户沟通中，提问必须要等到问题解决后再问下一个，才能顺利得到有效的答案。

（2）避免问重复的问题。前面问过的问题，在后面的谈话中又再问一遍，或者在对方不回答的时候再问易引起客户的反感。或者连续问几个问题，客户往往不知道应该答哪个；又或者问一个问题，客户没有回应，双方没有沟通，然后又去问下一个，这样子客户是基本上没有心情听你讲话的，也就难以达到提问目的。

（3）在提问的过程中还要注意对客户没听到的问题要重复一次，语速要适当停顿，或找到适当时机可以反问客户。

（4）重复，就是当对方没有回答的时候要重复一遍，当对方没有搞清楚你所表达的意思时要重复一遍。

（5）停顿，就是在提问之后，一定要停顿一下，给客户留下足够的回答空间。在提问之后，马上闭口、停顿，眼睛注视客户，颔首微笑，直至客户说出你所要听的信息。

（6）反问，就是当对方问了一些你觉得不好直接回答的问题，你可以反问对方。

（7）在与客户会见之前，应该根据实际情况针对根本的目标进行分解，明确沟通的内容，就可以避免因谈论一些无聊话题而浪费彼此之间的时间，又可以循序渐进地实现你的目标。

（8）要尽可能地站在客户的立场上提问，不要仅仅围绕着自己的目的与客户沟通。

❺ 问的艺术

【案例5.1】甲乙两个信徒都很爱抽烟！一天祷告时，甲问神父："我祷告时可以抽烟吗？"

神父生气地说："绝不可以！"

乙问神父："我抽烟时可以祷告吗？"

神父和蔼地说："当然可以！"

❓ **思考** 这个案例给你什么启示？

案例5.1中同样的情况，需要解决同样的问题，由于不同的问法，而得到不同的结果。（人生所有的沟通都是为了有一个很好的结果，不是吗？）由此可见，问话需要技巧，在沟通中更是如此。提问有技巧，不但可以占尽优势，同时也可以更顺畅地达到自己想要的结果。

启示：提问不在于多，而在于善问；提问是有目的的；拥有好的提问技巧与方式，你可以实现你的目的。提问时应考虑：

(1) 向谁问、何时问、怎样问。

(2) 根据交谈对象、内容和目的的不同，采取不同的提问方式。

5.3 提问的类型

在客户沟通中，提问主要分为两大类，即开放式提问和封闭式提问。

开放式提问是没有限定答案的提问，在还不了解客户的想法、对客户知之甚少的时候可以采用。如"您认为这个产品对于其他的同类产品有哪些的优势？"只需要相对较少的问题就能够获取大量的信息。

封闭式提问是有限定答案的问题，当对客户的情况已经有一定的了解，或者是想要澄清双方的误解，达成共识，或把握谈话的进程时可以采用。如："您家里有洗衣机吗？"唯一的不足是可能会错过或者遗漏信息。

表5-1 开放式提问和封闭式提问的比较

类型	好处	风险
封闭式	收集信息全面、谈话气氛愉快	浪费时间、谈话不易控制
开放式	节省时间、控制谈话内容	收集信息不全、谈话气氛紧张

5.3.1 开放式提问

开放式提问是指在广泛的领域内带出广泛答复的问句，通常无法采用"是"或"否"等简单的措辞做出答复。优点：这类问句因为不限定答复的范围，所以能使对方畅所欲言，发问者可以获得更多的信息。缺点：提问的技巧性很重要，所问的问题如果与自己的目的相悖，则容易造成尴尬、被动。因此，问题的诱导性很重要。

开放式问题的类型主要有商量式问句、探索式问句、启发式问句三种。

商量式问句是和对方商量问题的句式。这类问句，一般和对方切身利益有关，属于征询对方意见的发问形式。例如，"您看，我给您介绍了这款电视的主要优势，您还需要再考虑吗？"

探索式语句针对对方答复内容，继续进行引申的一种问句。不但可以发掘比较充分的信息，而且可以显示出发问者对对方所谈问题的兴趣和重视。例如："您刚才说用过海尔的彩电感觉质量不好，能不能说一下哪些方面不好？"

启发式问句即启发对方谈看法和意见的问句，以便吸收新的意见和建议。例如："现在看电视机的技术如何，主要看机芯先不先进，您觉得呢？"

沟通过程中，不但要多介绍产品优势，同时更重要的是要"问"出客户真正的需求，才好"对症下药"。提问时，应该由广泛的问题逐步缩小到特定的问题，避免含糊不清的措辞，避免使用威胁性、教训性、讽刺性的语句，避免盘问式或审问式的语句。

俗话说："到什么山唱什么歌，见什么人说什么话。"提问要考虑对方的年龄、身份、文化素养、性格特征等。被问的人，有的热情爽快，有的性格内向，有的大大咧咧，有的审慎多疑，性格不同，气质迥异。如果不顾及这些特点，仅用一个腔调、一种方式提问，就会碰壁。这就需要我们在日常工作中不断地去修炼、去总结、去检讨、去悟一些道理，找到规律，并将之运用于日常生活、工作中。

【案例5.2】有一天，一位老太太离开家门，拎着篮子去楼下的菜市场买水果。

情景1：
她来到第一个小贩的水果摊前……
老太太问："这李子怎么样？"
小贩1回答："我的李子又大又甜，特别好吃！"
老太太摇了摇头没有买。

❺ 问的艺术

情景2：

老太太向另一个小贩走去，问道："你的李子好吃吗？"

小贩2回答："我这里是李子专卖，各种各样的李子都有，您要什么样的李子？"

老太太："我要买酸一点儿的。"

小贩2："我这篮子的李子酸得咬一口就流口水，你要多少？"

老太太："来一斤吧！"

情景3：

老太太买完李子后继续在菜市场里逛，又看到一个小贩的摊上也有李子，又大又圆非常抢眼。

老太太："你的李子多少钱一斤？"

小贩3："您好，您问哪种李子？"

老太太："我要酸一点儿的。"

小贩3："别人买李子都要又大又甜的，您为什么要酸的李子呢？"

老太太："我儿媳妇要生孩子了，想吃酸的。"

小贩3："老太太，您对儿媳真体贴，她想吃酸的，说明她一定能给您生个大胖孙子。你要多少？"

"我来一斤吧。"老太太被小贩说得高兴，便买了一斤。

小贩一边称李子一边继续问，"您知道孕妇最需要什么营养么？"

"不知道。"

"孕妇特别需要补充维生素。您知道哪种水果含维生素最多么？"

"不清楚。"

"猕猴桃含有多种维生素，特别适合孕妇。您要给儿媳妇天天吃猕猴桃，她一高兴，说不定能给您生一对双胞胎。"

"是吗？好啊，我就再来一斤猕猴桃。"

"您人真好，谁摊上您这样的婆婆，一定有福气。"小贩开始给老太太称猕猴桃，嘴也不闲着，"我每天都在这摆摊，水果都是当天从批发市场新鲜批来的，您儿媳妇要是吃好了，您再来。"

"行！"老太太被小贩说得高兴，提了水果边付账边回答道。

❓ **思考** 为什么这个案例中三个小贩的销售效果不一样呢？

案例5.2说明，在介绍产品时，注意倾听客户的需求对最后达成交易的重要性；在销售洽谈过程中，要善于听。在听的同时还要引导客户、赞美客户，给客户以尊重感，最后确定客户的需要。

5.3.2 封闭式提问

封闭式提问是指由特定的领域带出特定答复的问句，一般用"是"或"否"来回答。例如，"您家人的健康对您很重要，所以看电视的时候您一定不愿意让射线辐射眼睛，是不是？""您觉得海尔电视这种功能真的实用吗？"

封闭式提问的优点：可以使发问者得到特定的资料或信息，而答复这类问题也不必花多少工夫去思考；缺点：封闭式提问含有相当程度的威胁性，往往会引起客户不舒服的感觉。因此不宜用词过于尖锐，多用中性词语。

封闭式提问的类型主要有选择式问句、澄清式问句、暗示式问句和参考式问句四种。

（1）选择式问句，即给对方提出几种情况让对方从中选择的问句。这种问句提供两个或两个以上的条件供对方任意选择，对方只在特定范围内选择，没有超出范围的选择余地。例如，"您喜欢时尚一点的还是简洁一点的？""您觉得内在的质量比较重要还是单纯时尚的外观重要？"

（2）澄清式问句，即针对对方答复重新让其证实或补充的一种问句。其目的在于让客户对自己说的话表明明确的态度。例如，"您刚才说过您喜欢功能先进的电视，海信电视不正是很适合您吗？"

（3）暗示式问句本身已强烈地暗示出预期的答案，无非是销售中敦促对方表态而已。例如，"买电视买的是产品本身，而不是赠品，您说是吗？""有了这种先进的开机直通车功能，您使用电视就会更方便，是不是？"

（4）参照式问句，即把第三者意见作为参照系提出的问句。如果第三者是对方熟悉的人，对客户会产生重大的影响，客户会同意的可能性很大。例如，"最近香格里拉大酒店订购了我们海信156台等离子彩电，您觉得怎么样？"

5.4 客户沟通的提问技巧

5.4.1 单刀直入法

这种方法要求直接针对客户的主要动机，开门见山地向其提问，让客户措手不及，然后"乘虚而入"，对其进行劝服。

【案例5.3】门铃响了，一位衣冠楚楚的推销员站在大门口，当主人把门打开时，推销员问道："您家里有高级的豆浆机吗？"男主人怔住了。这突如其来的一问使男主人不知怎样回答才好。他转过脸来和他太太商议，太太有点害羞但又好奇地回答："我们家有一个豆浆机，不过不是特别高级的。"推销员回答说："我这里有一个高级的。"说着，他从提包里掏出一个高级豆浆机。接着，这对夫妇接受了他的推销。

假如这位推销人员换了一种说话方式，一开口就说："您好，我是××公司推销员，我来是想问一下你们是否愿意购买一个新型豆浆机？"试想一下，推销效果会如何呢？

采用单刀直入式提问时要事先选择好所提问题，保证能够引起客户的兴趣。但是，提问的问题要恰当明确，不要给客户一种莫名其妙的感觉，否则就会适得其反。

5.4.2 连续肯定法

连续肯定方法是指利用所提的问题引导客户用赞同的口吻来回答，即尽量让客户对你所推销说明的问题持肯定或认同态度，为促进成交创设有利情境。

【案例5.4】 李先生是一家证券投资所的工作人员。一次，一个客户到证券投资所开户，李先生照例让他填了一些表。但是，这位客户不喜欢麻烦，很多问题都拒绝回答。

以往对于这种情况，李先生会根据证券投资所的规定对客户下"最后通牒"，但是，今天他不打算谈所里的规矩，而是和客户谈谈他的需求。

李先生笑着对客户说："先生，是的，你拒绝填写的那些资料，并不是必要的。"

"明明可以不填，那为什么还要我填呢？"

"但是，"李先生接着说道："假如您的投资一直有回报，一直到您去世，难道您不希望把这个回报转移给有权继承您的财产的亲属吗？"

"这个当然。"

"难道您不认为，"李先生继续说："将你最近亲的亲属告诉我们，让我们在将来您去世的情况下能够准确无误地去实现您的愿望，这是一个好办法吧？"

客户说："是的。"

当这位客户知道证券投资所是为他的利益着想之后，马上把资料填好了，还另外开了一个账户。

运用连续肯定法，要求销售人员要有准确的判断能力和敏捷的思维能力。每个问题的提出都要经过仔细思考，特别要注意双方对话的结构，使客户沿着推销人员的意图作出肯定的回答。

一开始就让客户说"是"，把客户引导到肯定的方向上来，令后面的沟通变得更为顺畅。同时，可以给客户多提一些封闭式的问题，从而限定客户回答的范围，把握交谈的方向和内容，让客户回答"是"，以便顺利达成交易。

5.4.3 诱发好奇心

诱发好奇心的方法即在见面之初直接向准客户说明情况或提出问题，故意讲一些能够激发他们好奇心的话题，以吸引他们的注意力。

如对一个多次拒绝见面的客户递上一张纸条，上面写道："请您给我10分钟好吗？我想为一个生意上的问题征求您的意见。"纸条诱发了客户的好奇心——他要向我请教什么问题呢？同时，也满足了客户的虚荣心——有人向我请教！结果很明显，你将会被应邀进入办公室。

【案例5.5】一位保险公司业务员在接近客户时，先递给客户一张特制的3000元支票副本，然后问他："您希望退休后每月都收到这样一张支票吗？"客户承认非常希望如此，并要求业务员告知详情。这样，业务员就获得了一桩生意。

"这款笔记本电脑的省电功能可以让您尽情使用2天，让您根本不必担忧瞬间没电的事情。而且它的价格也比同类产品低得多，您想了解一下详情吗？"笔记本电脑销售员问客户。

一位冰淇淋推销员走进某冷饮店，见面就问老板："您希望使您所出售的冰淇淋每千克成本减少5元钱吗？"老板问道："这种好事可能会有吗？"

采用这种提问方式必须找准客户的需求，把产品的优点和客户的需求结合起来。相反，如果我们产品带给客户的利益并不是客户所需要的，那么即使是再好的产品，客户也不会购买。

如果诱发好奇心的提问方法变得近乎要花招时，往往很少获益，而且一旦客户发现自己上了当，你的计划就会全部落空。

5.4.4 "照话学话"法

"照话学话"法就是首先肯定客户的见解，然后在客户见解的基础上，再用提问的方式说出自己要说的话。

如经过一番劝解，客户不由地说："嗯，目前我们的确需要这种产品。"这时，推销员应不失时机地接过话头说："对呀，如果您感到使用我们这种产品能节省贵公司的时间和金钱，那么为什么我们不立刻成交呢？"这样，水到渠成，毫不矫揉造作，客户也会自然而然地买下相应产品。

【案例5.6】销售员老陈敲开了客户马先生的门，向他推销多功能豆类榨汁机："马先生，您好！是您的同事王先生向我介绍您的，他用过我们的产品后觉得不错，因此我今天特地来拜访您，希望我们的产品也能够为您带来便利。"

马先生打消了顾虑，让老陈进入室内。于是，老陈全方位地讲解了豆类榨汁机的优良性能，并进行了精彩的示范。马先生表现出极大的兴趣，他说："这款豆浆机性能确实是不错，但是操作步骤有些麻烦。"

老陈从容不迫地告诉他："操作起来是有些麻烦，但是它具有一流的质量、低廉的价格和多功能的使用，所以还是值得的，况且这是我们公司的新发明，市场上还没有同类产品，既然您也觉得它不错，那还犹豫什么呢？"看到马先生点了头，老陈就趁机说："您喜欢黄色还是绿色？"马先生挑了一款绿色的，就这样交易成功了。

在运用这个方式提问时，反应一定要快，应当机立断地抓住任何一个时机，促成交易。当我们从客户的言语表情动作中观察到热情已经足够时，销售人员就一定要抓住时机，果断促成客户成交。

5.4.5 锁定式提问

锁定式问题可以保证对话的自然和流畅，同时确保控制对话的发展方向。使用锁定式问题，我们能一针见血地指出利益所在，并转移客户的注意力。这不仅节约了时间和精力，而且还能在很短的时间内为客户制订方案。

使用锁定式提问还可以帮助客户整理他们的思绪和感觉，可以深入客户的思维，引导客户应该注意哪些问题；还可以听到客户对问题进一步解释、详述的想法。

【案例5.7】客户：我们已经为这个项目努力准备了好几个月了。

问题：我注意到你用了"努力"这个词，那么到现在，你们已经做了哪些工作，还有哪些工作没做？

当客户在对话中说到一些关键词，就是在向我们敞开思想的大门，没有必要觉得在窥探别人的隐私而回避这个问题。在谈话中锁定一些关键词，以一个

◆◆ 客户沟通技巧

问题解决者的身份挺身而出，这样能够得到客户的信任和感激。也有利于把握谈话中的方向，不容易偏题。

5.4.6 "刺猬"反应式提问

在各种促进买卖成交的提问中，"刺猬"反应是很有效的一种。所谓"刺猬"反应，其特点是你用一个问题来回答客户提出的问题。用自己的问题来控制和客户的洽谈，把谈话引向销售程序的下一步。

让我们看一看"刺猬"反应式提问法：

客户："这项保险中有没有现金价值？"

推销员："您很看重保险单是否具有现金价值的问题吗？"

客户："绝对不是。我只是不想为现金价值支付任何额外的金额。"

对于这个客户，若你一味向他推销现金价值，就会把自己推到河里去一沉到底。这个客户不想为现金价值付钱，因为他不想把现金价值当成一桩利益。这时你该向他解释"现金价值"这个名词的含义，提高他在这方面的认识。

总之，"刺猬"反应式提问可以将销售直接带入实质性阶段，通过局部深入的提问，提高客户的思维效率，使客户不得不做出反应。在提问过程中，要尽量使用自然、温和的语气，创造愉快轻松的气氛，不要让客户有一种被怀疑的感觉。

使用"刺猬"反应式提问的前提是必须善于分析不同类型的客户，区别对待。对于那些依赖性强、性格比较随和的客户，以及一些老客户可以采用这种提问方法。

延伸阅读

SPIN 模式

SPIN 模式是由 Huthwaite 公司通过对 35000 个销售案例进行广泛调查研究而开发出来的，通过计算每一个人在成千上万次销售会谈中说的内容，我们可以确认高效销售人员长期以来一直疑惑的问题：在成功的销售会谈中是卖方说的多，那怎样才能使买方开口说话呢？提问！SPIN Selling 是一种向客户提问的技巧和开发潜在客户需求的工具，包括四个环节：状况性询问、问题性询问、暗示性询问和需求确认询问。

在和客户依照 SPIN 程序展开谈话时，客户的标准型反应是：

S：在被问到状况性问题时，表情平静；

❺ 问的艺术

P：在被问到问题性询问时，表情开始凝重；

I：在被问到暗示性问题时，表情是忐忑不安的；

N：在被问到需求——效益问题时，表情充满希望。

1. 状况性询问（situation questions）

主要是询问事实或医生目前处方的状况，称之为状况性询问。成功的医药代表肯定会提状况性问题，只不过他们的提问既有必要又有意义。他们先做好准备工作，从其他来源找到与事实有关的基本信息，而不是全部从医生那里得到信息。在进行状况性问题前，要学会问自己一些相关的问题，比如：我知道医生对所推广产品的认识和了解；医生目前处方用的药物；医生的处方习惯与治疗模式；对这个医生的处方习惯有影响的因素；医生感兴趣的活动类型；医生主要诊断的疾病及医生是否对价格很在乎；医生是否以用药后的结果来证明药效；医生的性格特征等所有这些相关信息，医药代表应该通过电话、传真和电子邮件就原先的一些档案提出状况性询问，而没有必要直接面对客户进行询问。

总的来说，状况性询问是效力和威力最低的，对成功有消极影响，而大部分人问的太多，虽然问的多可以让销售代表获得的信息增多，但同时也会给客户带来许多潜在的压力，会使客户产生一种强烈的抗拒心理。

2. 问题性询问（problem questions）

来自 Huthwaite 公司的研究发现，你的状况性询问越多，销售会谈成功的可能性就越小。问题性询问比状况性询问更有效，越有经验的销售代表，越会频频提出此类问题，而且不会吓到客户，因为这是在关心客户的问题点，关心客户的切身利益，而每个客户都会有问题。只要我们的销售代表找准他的切入点，事前做好准备，那么，当销售代表提出问题的时候，客户就会跟你交流。尤其当销售代表以专家的身份在某个领域面对客户的时候，每个人都希望与专家做交谈。

问题性询问是问医生目前在临床诊治中面临的问题、困难和不满，并且这些都是我们的产品或服务可以解决的。比如，下面这些问题就是典型的问题性询问："您目前在抗血栓治疗方面是否有不满意？""是什么原因导致此类患者偏头痛的再发？""目前对于动力障碍的病人是否有根治的方法？"我们必须记住：客户的难题是销售成功的源泉。

3. 暗示性询问（implication questions）

所有问题中最有力度的就是暗示性询问，并且这一技能的提高是不会随着销售经验的增多而自动提供的，出色的销售人员会使用许多暗示性询问。新销售人员因为缺乏经验，可能看不到客户的问题与他们能提供的对策之间清晰的

◆◆ 客户沟通技巧

关系，结果他们也许会认为提供的解决方案是很勉强的。然而，当销售人员变得越来越自信时，明白了我们的产品是如何解决难题时，当他们问客户更多的难题时，难题与对策（解决方案）之间的联系在他们的头脑中就会变得越来越清晰。在谈到我们的产品和对策之前，要讨论难题的影响方面，关于客户难点的结果和影响的问题称之为暗示性询问。

典型的暗示性询问如下："这些血栓性问题对于病人的介入手术有影响吗？""偏头痛的反复发作会增加患者其他的并发症吗？""对于动力障碍反复不愈的患者会有其他疾病的发生吗？"诸如此类的暗示性询问都很有效，因为他们可能会触动客户的痛处，这么做造成客户困难的影响更加明显，使客户更焦急地渴望可以消除痛楚的对策。这就是为什么出色的销售人员在早期对答案秘而不宣，并且提问暗示性问题，他们娴熟地建立起痛楚，在介绍他们的解决方案之前，先造成强大的需求。

总的来说，暗示性询问就是问客户的难点、困难或不满的后果和影响，是所有 SPIN 问题中最有效的一种。出色的销售人员都会问许多暗示性问题，这种问题最难问，建议在拜访客户之前一定要好好策划一下。

4. 需求确认询问（need-pay off questions）

需求确认询问实际上是将客户的注意点由产品转向价值交换，也就是让客户考虑方案和方案本身的意义以及对未来影响的一种提问方式。这种询问可以让客户主动说服自己，在整个销售拜访过程中最有利也可以说最有效，但是，99% 的销售代表都不会这样询问。

比如，典型的需求确认询问如下："如果我们可以降低 20% 血栓性事件的风险，您会考虑吗？""如果我们能够有效降低偏头痛患者的复发率，会对您的诊治有帮助吗？""为什么解决动力障碍患者问题很重要？"经常听到有人说销售不是仅仅是让客户相信，而是创制适宜的环境让客户相信，需要确认询问正是在于营造这样一种氛围，让客户告诉你利益所在的过程中有着非常重要的作用，这样做也让客户自己更加信服。

SPIN 模式有一个大概的提问顺序：首先，利用状况性询问了解医生的一些背景信息；然后，我们的医药代表通过问题性询问揭示出他们的问题，使用暗示性询问、开发难点，使痛楚一点点建立起来；最后，转向对策（解决方案），提问需求确认询问。如果你试图用一种僵硬的公式化方法去从事销售，那么再高效的销售技巧也不可能获得成功，把 SPIN 模式看成一个公式，你肯定会失败。请大家记住：灵活运用 SPIN 提问法是成功销售的最高境界。

⑥ 客户心理分析

慢慢了解客户心理，不要急于求成！

6 客户心理分析

6.1 客户购买动机

为什么有的人愿意买昂贵的名牌服装,而有的人即使腰缠万贯也爱淘便宜货?为什么有的人即便一字不识也要买精装全套《四库全书》?这取决于他们的购买动机。消费者是出于一种什么样的心理而产生选购此类而非他类的动机呢?下面是对客户购物动机的一点分析(图6-1):

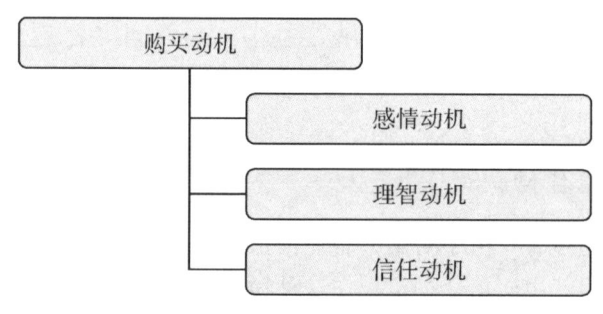

图6-1 购买动机

购买动机是由于人们知识、感情和意志等心理过程而引起的行为动机,可分为感情动机、理智动机和信任动机。

6.1.1 感情动机

这是由于人的情绪(喜、怒、哀、乐等)和情感(道德、情操、群体、观念等)引起的购买动机。由于感情动机的引发原因不同,所以,感情动机又可分为情绪动机和情感动机两种。情绪动机,是由外界环境因素的突然刺激而产生的好奇、兴奋、模仿等感情反应而激发起的购买动机。影响个体产生情绪动荡的外部因素很多,如广告、展销、表演、降价等。感情动机所引发的购买欲望,多注重商品的外在质量,讲究包装精美、样式新颖、色彩艳丽,对商品价格不求便宜而求适中或偏高。

6.1.2 理智动机

理智动机是指对客户经过认真考虑,在理智的约束和控制下而产生的购买动机。它是基于对所购商品的了解、认识,经过一定比较、选择产生的。理智动机的形成有一个比较复杂的从感情到理性的心理活动过程,一般要经过喜好→激情→评价→选择等过程。从喜好到激情是感性认识阶段,从评价到选择是理性认识阶段（图 6-2）。同时，在理智动机驱使下的购买，客户比较注重商品的质量、讲求实用、可靠、价格便宜、使用方便、设计科学合理以及效率等。例如，一些制造小型汽车的工厂强调自己的产品主要最符合经济原则、电热水器制造商保证长期免费维修服务，或者某贸易商强调所代销的打字机经久耐用，等等，这些均出自客户购买考虑的理智动机。

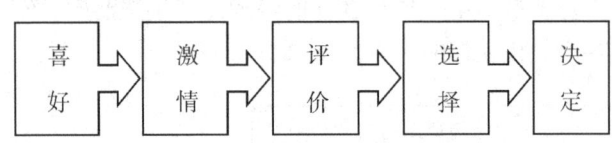

图 6-2　理智动机决策过程

6.1.3　信任动机

信任动机是指客户由于对某些企业推销商品产生信任和偏好而产生的购买动机。这种动机，也叫信任动机。在这种动机支配下，客户重复地、习惯地向某一推销商或商店购买。客户之所以产生这样的动机，是基于营业员礼貌周到、信誉良好、提供信用及劳务、品种繁多、品质优良、价格适当、商店地点时间便利、店面布置美观。因此，每一推销商和商店的声誉或特色均可以给予客户一种不同的印象。其广告宣传等推销方面的应用，主要就在于使客户对之产生良好的印象。

6.2　客户需求倾向

面对客户，如果没有对客户心理的了解，即使面对面也难以激起客户的购买欲望。了解客户的心理才能更好地了解客户的需求，从而完善客户服务。下列八种比较常见的带有感情色彩的购物心理是营业员所必须了解的。

6.2.1　追求舒适、省力

人的大部分生活自然是围绕着身体的需要展开的。他们需要吃、喝、睡和冷热适宜的温度。绝大多数人将其主要精力放在获得这些生理需求上，另一些人用一部分精力即可满足这些需求，并在此基础上继续追求其他所渴望的东西。这种迫切需求是人们的基本特性。适宜营销的这类产品如我们日常生活中不可或缺的食用油、饮料、成品食品等。当然，我们所有的生存必需品都是适于销售的，像住房、家具、汽车等。

6.2.2 求美

在大自然之中,美的东西撞击到我们的神经和情感时就会使我们产生强烈的满足感和快乐感。美可以包括外观美、色美和声音美。绘画、音乐、文学、体育、大自然以及我们的工作、生活中,美随处可见,只要环顾一下四周,我们就能发现,人们追求美的动机正强烈地影响着众多商品的设计和包装。精明的营业员多注重追求美的心理,他们在推销时,总是拿出设计特别美观的产品或展示产品时有意表现出它们美的形象。假如你对买主这样介绍:"您看它漂亮吗?这是我们这一季特别设计制作的。"这种介绍经常能够满足客户追求美的购物心理,也许你会因此而得到意外的收获。

6.2.3 效仿和炫耀

每个人的童年都有过模仿的行为,而这些纯粹的模仿心理也同样存在于成年人的购物活动中。从心理学角度加以分析,许多人之所以要效仿他人去购买某种商品,是因为他们认为这样做可以表明他们比他人要高出一等。从这种意义上说,这种需求倾向与追求卓越不凡和自我感觉是大致相同的。因为在这些人心目中其所模仿的人在某一方面是卓有成就的。

【案例6.1】一位年轻的姑娘非常崇拜香港影星张曼玉小姐,对她的崇拜已达到了一种痴迷的程度。一次偶然的机会她看到了由张曼玉小姐制作的力士香皂广告,于是便一次从商店里购买了几十块力士香皂。

思考 这个案例给你什么启示?

案例6.1中力士香皂正是运用了人们对明星的追捧和效仿心理,进行产品的设计,迎合了某些追星族的口味。

在企业经营的一些产品中,销售人员也可以利用这种心理需求,向买主提出这些东西是时下人们所崇拜的明星爱用的,用这种方式令买主的自尊心膨胀,纷纷效仿明星,继而销售人员也会收到满意的效果。

在一般情况下,效仿炫耀的购物心理是在买主头脑中自动地发生作用的,在你向买主劝购的过程中还是应当少谈为妙。要利用这种心理,则必须加以小心,因为许多消费者往往不喜欢当众讨论这种问题。

6.2.4 获取

人的获取欲望或占有欲望通常表现在许多方面,遇到喜欢的东西,绝大部分人都希望能够完全占有。因此，出现搜集者和收藏者的群体。我们不得不承认，人都有一种占有欲，都想把存在的东西称作"自己的"。

【案例6.2】一位营业员在向一位家庭主妇推销一种高级食用烹调油时，这位买主还有些拿不定主意，这位营业员便立即说："我们最新生产的这种产品已经快要售完了，如果您放弃的话，那么您的邻居将会毫不犹豫地买下它的。"于是，这位主妇便马上买下了这种高级食用烹调油。

思考 这个案例给你什么启示？

从案例6.2中可以看出，占有的欲望在这桩买卖中起了决定性的作用。这位家庭主妇的占有欲促成了产品的快速成交。作为营业员如能有效地激发客户的购买欲，将能在短时间内提高产品的成交率。

6.2.5 交际欲

交际欲心理基本是一种试图接近和打动异性的欲望。我们可以用生活中最常见的现象来解释问题。人们往往在决定购买某些商品或寻求某些服务时，如化妆品、服装、发型或电影票，真正起作用的往往是异性，而不是他们表面所讲的理由。如：青年男女一般都对浪漫的爱情有所向往。年轻女孩绝大多数购买高级化妆品和新潮流时装来打扮自己，是为了在恋人面前表现自己的娇媚动人。

6.2.6 好奇心和求新鲜

现实生活中，人们喜欢到处活动、旅游、观看新景致和追求生活中的新刺激，这种欲望年轻人比老年人更强烈。

【案例6.3】一位专门推销营养保健食品的营业员与朋友一起来到一位准买主家里（这位朋友与买主关系甚好），在谈话过程中，这位营业员也谈到了营业产品，还特意说带了一些营养保健品准备一会儿给买主送去。于是，这位准买主因为好奇便开始打听关于产品的一些情况，这位营业员朋友便一一加以详细说明，言谈之中当然也表明有种产品价格要贵一些。就在他们要离去时，这位买主便提出要看一看这种产品，营业员按要求做了。出乎意料的是，这位准买主诚恳地要求购买一些。

6 客户心理分析

❓ 思考 这个案例给你什么启示？

案例 6.3 中营业员正是利用了客户对于保健品的好奇心来进行保健品的营销，最后成功地推销了另一种产品。

在销售过程中我们也可以利用人本身的好奇心来吸引他们对某些商品的注意，以诱发他们购买商品。年轻人当中普遍存在这样的心理：凡是新的，他们都勇敢尝试，他们追求新奇感、新刺激的欲望比任何人都要强烈。

6.2.7 体现爱

【案例 6.4】 一家商场中，一位营业员正在向一位客户推销化妆品，旁边走过来另一位客户，他已在那里听了这边的谈话，过来二话不说，要求营业员展示产品，营业员按要求做了，并询问客户准备给谁购买，客户说是给他热恋中的女朋友买的。原来他的女朋友面部有黑斑，用了许多化妆品都不满意，这次他决定再试一试。这样，他当即买下了几种产品，临走时还兴奋地说："这下我的女朋友会变得更漂亮了。"

❓ 思考 这个案例给你什么启示？

案例 6.4 中的客户为了女友的美丽而去购买产品，用产品去表达对女友的爱，这体现了对他人的爱也会成为客户购买的需求。

对他人的爱，这些都是人们后天培养的一种心理，但我们也同样不能忽视。正如有的人可以为心目中的理想而献身，可以为自己或他人争得公正而奋斗。作为现代人来说，每个人都希望自己能在事业上有所成就，伴随着这种希望的是他们的责任感和贡献感，这足以使他们感到由衷的自豪和满足。我们的营业员在掌握客户需求倾向时也完全可以利用这两点。另外，作为人的天性，表现出各种爱心也是消费者的需求倾向：父母之爱、夫妻之爱、恋人之爱等，无不是营业员在推销产品时应当熟记和加以了解的，甚至在有些场合了解这种需求倾向，有利于工作的开展，创造非凡的业绩。

6.2.8 恐惧和谨慎

出于恐惧和谨慎的心理而产生的需求，也是人们在日常生活中容易遇到的。人们的恐惧心理往往是害怕得不到美好的结果，或者是担心在突然间会失去已有的美好和欢乐。作为正常人，谁都害怕失去生命、健康、朋友、金钱、工作、自由、生活安定以及他们所珍视的一切，而得不到他们渴望的东西和失去所珍视的一切，都会给人造成肉体和精神上的痛苦。一些老年朋友用辛辛苦苦挣来的钱购买高级营养保健品，也不过是用金钱来换取健康罢了。

　　我们知道，谨慎和渴望安全的心理实际是由恐惧心理而产生的。人们进行银行储蓄、参加各种社会保险，无非都是想使自己的生活安定或在危难时得到保障安全。另外，我们在住宅安装防盗系统，都是人们意识到由于缺少这些东西而可能造成的严重后果，所以人们宁愿在这方面"破财免灾"。

　　总之，人们的日常生活经常会被一些恐惧和怀疑所困扰，所以营业员在推销产品时应注意这一购物心理，并适时提出能够缓解客户恐惧和怀疑的一些积极建议，满足消费者的真正需要而获得销售良机。

　　上面，我们详细介绍了八种常见的客户购物需求倾向，这些倾向之间是彼此交错关联的。比如，购买化妆品既可能因为爱美，也可能是出于"交际欲"，更有可能是出于恐惧和谨慎。因此，在了解消费者的购物需求倾向时要懂得推荐合适的产品，在接待客户时还要具体问题具体分析，这样才能使我们在与客户沟通时做到"知己知彼，百战不殆"。

6.3　了解客户心理的途径

　　了解客户的方式有间接的也有直接的。间接的方式是通过查看客户档案、预订信息、接待订单等；直接的方式是通过对客人的观察和接触来体现。一个观察力较强的人，在日常接待中能够通过观察客户的眼神、表情、言谈、举止，发现客户某些不明显却很特殊的心理动机，可以运用各种服务心理策略和灵活接待方式来满足客户的消费需求。以下是观察并理解客户心理的几个要点：

6.3.1　注意观察客户的外貌特征

　　从体貌、衣着可以对客户特征做出初步的判断。对衣着考究的男性和穿着美艳的女性而言，他们希望坐在别人容易观察到的地方；而穿着情侣装的恋人，也希望受到别人的欣赏和羡慕，他们的座位也同样希望被安排在比较引人注目的位置上。档次较高的客人要求也高，因为他花了足够多的钱，就希望得到等值的服务。客户的职业、身份不同，对服务工作有不同的需求。另外，也因为场合的不同，客户对服务的需求心理也是不一样的，这就要求营业员应该根据客户的不同性别、年龄、职业、爱好为客户提供有针对性的服务。

6.3.2 注意倾听客户的语言

对话、交谈、自言自语等直接表达形式，有助于营业员了解客户的身份信息以及消费需求。分析并仔细揣摩客户语言的含义，有助于理解客户语言所表达的意思，避免误解。例如，某餐厅来了几位客人，从他们的谈话中，服务员了解到，一位宾客宴请朋友，既品尝某道名菜，又想品尝到其他菜点，于是服务员主动向其介绍了餐厅的各种风味小吃，从烹制方法到口味特点、营养价值，说得客人垂涎欲滴，食欲大增，一连点了好几个菜，吃得津津有味，尽兴而归。

6.3.3 读懂客户的身体语言

身体语言即无声语言。它比有声语言更复杂，可分为动态和静态两种。动态语言有手势语及表情语，静态语言为服饰语，通过这些间接的表达形式可以反映出客户是否接受、满意等心理状态。

6.3.4 仔细观察客户的表情

客户的言行举止和面部表情往往是无声语言的流露，客户的心理活动也可以从这方面流露出来。通过对客户面部表情如眼神、脸色、面部表情等方面的观察，从而做出正确的判断。例如，红光满面、神采飞扬是高兴、愉快的表现；面红耳赤是害羞或尴尬的表现；双目有神、眉飞色舞是兴奋、喜悦的表现；倒眉或皱眉是情绪不安或不满的表现。如客人进了餐厅，服务员立即站在客人旁边等候客人点菜，这样会使客人感到不便甚至紧张，服务员应在递上菜单后，退至一旁，给客人留有自行商量的空间；在客人抬头时，服务员应立即出现或回答问题，认真介绍、推销特色菜肴。在待客服务中服务员要学会察言观色。

6.3.5 换位思考，对客户的处境做出正确的判断

【案例6.5】餐厅来了一位客人，点好菜后独自一人开始用餐。"小姐，有开水吗？"这位先生看着小刘问道。"有，请稍等，马上给您送过来。"小刘立刻给客人送上了开水，这时客人的手机响了，客人接完电话后，立刻加快了吃饭的节奏，显然他赶时间。小刘看到后想，开水刚送过去，温度还很高，于是趁客人没来得及喝时，赶紧给客人送上了一杯冰块，并微笑着对客人说："先生，这里有冰块，如果您觉得有些烫，就加上一些。"客人有些意外的看了小刘一眼，然后对她说："谢谢了。"

后来，小刘留意到客人往杯子里加了冰块，试了一口，然后一饮而尽，他冲小刘微笑了一下，就急急忙忙结账离开了。

思考 这个案例给你什么启示？

案例6.5中小刘经过观察了解到客人赶时间，通过换位思考，及时送上了冰块，为客户节省了时间，最后赢得了客户的会心一笑。

营业员要眼观六路、耳听八方，只有全身心放在客人身上，想客户之所想，急客户之所急，才能为客户提供最优质的服务。

6.4 客户购买心理分析

6.4.1 购买心理分析

营业员在实际销售中，能否破译客户购买心理至关重要，因为客户购买心理直接决定其购买意愿。客户除了通常的购买心理外，还有如下一些特殊心理。

（1）抢购心理。客户发现哪家店的人多时，就不由自主走进去看看是不是有什么好的产品或实惠的产品。

（2）待购心理。当新款上市整价出售时，客户只会试穿而不产生购买行为，客户会等候打折或促销活动。营业员可以制造新款热销的气氛，或用语言刺激客户立刻购买。

（3）从众心理。大部分客户会对流行、时尚的产品趋之若鹜，营业员可运用一系列的促销行为来刺激客户消费。

（4）逆反心理。当客户感到营业员急切推销产品的时候，会产生逆反心理而放弃购买。这时，营业员可放缓脚步，多推荐几款产品供其选择，尊重客户的意见，关心客户的需求，以促成交。

（5）择优心理。客户在购买产品时，希望购买到同类产品中最好的一款，没有选择余地的时候，客户的购买欲望会大打折扣。这时营业员应在推销产品时多提供选择的款式和颜色。

（6）烦躁心理。客户在购买过程中，面对店内卫生脏乱，等候时间过长，付款手续麻烦，卖场拥挤、闷热、嘈杂等，会产生烦躁不安的心理，可能会选择离开。营业员应通过优质的软硬件服务营造舒适的购物气氛。

（7）好奇心理。人具有好奇、求新和求异的天性，新奇的事物容易引起客户的注意。因此，新的销售方式、新的产品陈列方式、新的服装款式都能够引起客户的注意。

此外,客户对商品产生信心有三个方面的原因:相信营业员的介绍,相信商场信誉或品牌信誉,相信产品本身的款式、色彩等。

让客户对商品或服务失去信心的原因有:不是自己真正想要的产品,营业员不了解产品,感到产品质量、售后没有保证,与购买计划冲突。客户对某款产品失去信心时,营业员不应勉强客户,可转移到客户感兴趣的其他产品上去,促成购买。

6.4.2　如何面对客户想议价的心理

【案例6.6】
A:"您这套房子准备卖什么价格?"
B:"103万啊,不是上次说过吗?"
A:"您是到手价,不包税吗?"
B:"是的。"
A:"按照市场行情,103万不包税纯到手价估计有点高。"
B:"那大概能减多少?"
A:"李先生,这样,我们做广告的价格不能太高,我们委托价格填99万,99万和103万虽然相差不多,但估计很多人会有兴趣,你看可不可以?"最后李先生同意以99万价格签下委托。"真的,李先生,我做这行好几年了,你相信我一次,价格低一点,看的人多,我们的选择余地就大了,你说是不是?"(请注意是"我们",拉近距离。)"我也想卖高啊,卖高我佣金也高,谁不想卖高?这个小区我们也有两套差不多的房源,但是在我们门店挂牌的基本都是100万以下,挂高了,没有客户,也耽误您的时间是不是?就算您挂103万,反正人家也要还价,您说呢?"
B:"好吧,我卖了。"

❓ **思考**　这个案例给你什么启示?

案例6.6中销售员通过掌握李先生想议价的心理来对价格的合理性进行解析,从而说服李先生卖房。学会掌握客户议价的心理并加以利用,便能促进成交。

为使"价高"议价客户接受商品的价格,必须以理服人,以利益诱人,使客户转变对商品价格的看法。可以根据客户产生价格异议的不同原因分别采取不同的说服方式。

以反问的方式了解客户的看法,予以有针对性的说服。鼓励客户把对价格的看法说出来,从而寻找契机,抓住症结予以解释。如客户发出"太贵"的呼声,可问:"您指哪方面贵?"这样有助于了解客户产生价格异议的根源。为说服引导提供一个明确的方向,使问题具体化。

当客户认为商品价格高于价值时,也就是他认为商品不值这么多钱时,销售员可根据自己所掌握的商品知识陈述定价的原因,列举商品的制作原料、生产工艺、售后服务、品牌、质量等会影响定价,要能指出这些因素给客户带来的益处,使客户从对价格的片面认识转到对商品价值的全面认识,理解其价格的合理性,也就不会觉得它难以接受。普遍客户认为商品价格高于价值,主要是由于缺乏对商品的全面了解,低估了生产成本而造成的。因此,应全面向客户介绍商品,将商品潜在的优点都挖掘出来。

6.5 客户消费心理阶段

6.5.1 客户消费心理变化的八大阶段

客户消费心理从接触产品开始,即已发生转变。从开始接触产品到成功购买产品,其主要的心理转变有以下八个阶段:

第一阶段——注意:吸引目光,注视观看;
第二阶段——兴趣:产生、引发兴趣;
第三阶段——联想:买时、买后的联想;
第四阶段——需求:想要拥有、购买;
第五阶段——比较:类似比较,选择商品;
第六阶段——决定:思考并定决心;
第七阶段——执行:购买;
第八阶段——满足:达到需求,强调售后服务。

6.5.2 客户消费心理的转变

一般来说,客户都会购买必要性、感觉上占便宜和安全性高的产品,其消费心理变化的过程也不尽相同,如:购买"必要性"的商品:理智—必要—维持水准—合理消费;购买"感觉上占便宜"的商品;购买"安全性高"的商品:价值—品质—售后。

客户的消费心理之所以复杂难测,是由于政治、文化、宗教信仰、风俗习惯、传统观念等许多因素会对消费心理产生影响。影响的因素越多,购买心理

❻ 客户心理分析

的层次就越多,变化就越频繁。下面我们对客户的心理影响因素进行分析。

(1) 经济制约对消费心理的影响。消费心理是受社会生产力制约的,生产力的高低与否影响着消费心理。有什么样的商品可以提供给客户,客户就会根据提供的商品产生相应的消费心理。

(2) 客户的经济收入对消费心理的影响。经济收入的变动会影响消费的质量结构、数量及消费方式。德国学者恩斯特·恩格尔在其提出的"恩格尔定律"中指出:收入水平越低,食品费用占消费总支出的比重越高;反之,个人总收入水平越高,食品费用占消费总支出的比重越低。这表明客户的收入较低时,主要是购买生活必需品;反之,购买必需品后的剩余收入,可支配于追求文化消费、生活质量、劳务投资等。因此,经济状况对客户消费心理的影响还是很大的。

(3) 宗教文化对消费心理的影响。客户消费心理在社会、民族传统文化和时尚文化的影响下,其购买行为会发生改变。这是一种潜移默化的影响,使客户逐渐形成消费习惯,宗教信仰不同,其消费心理也会有所不同。

(4) 性别年龄对消费心理的影响。不同性别和不同年龄的消费者,其消费心理也有所不同。例如,男人的消费心理可能没有女人的细致,但自信和理智的程度要相对高一些;中老年人购物时,消费心理比较谨慎、矜持;年轻人购物时,消费心理比较开放,经常追求新颖、时尚。

凡勃伦效应*
——满足客户虚荣心

定义:对于推销员来说,客户的优越感一旦被满足,警戒心自然会消失,彼此的距离就会无形地拉近。

你能想到日常生活用品中有哪些植物的价格会气死黄金吗?在4月18日这个"死要发"的日子,在美丽的天堂——杭州,就冷不丁冒出一种"2两西湖龙井御茶",拍卖了14.56万元,即每500克72.8万元,每千克145.6万元,这个天价远胜黄金。

美国制度学派经济学家凡勃伦如果活着,听到这个消息一定会笑。凡勃伦最早注意到存在于消费者身上的一种商品价格越高反而越愿意购买的消费倾

---
* 引自凡禹:《销售知识全知道》,华中科技大学出版社2012年版,第58—60页。

◆◆ 客户沟通技巧

向,于是有了"凡勃伦效应"。在凡勃伦效应中的消费目的,已不仅仅是为了获得直接的物质满足于享受了,而更大程度上是为了获得一种社会心理上的满足,甚至以期获取更广泛的社会广告效应,无论是个人消费者还是单位消费者,都喜欢乐滋滋地一头扎进去。

"凡勃伦效应"在经济学领域得到了广泛证实,同样是一种经济活动,在推销工作中我们也可以从中得到一些启示。

人人都有虚荣心,只是程度不同罢了,先看两个实例。

例一:某位保险推销员在和一位客户进行沟通。

推销员:您每个月的收入与花在其他方面的钱还不如抽一部分来为自己买一份保险。

客户:是啊,我每月最大的花销就是衣服和化妆品。你看,这件刚买的上衣8000多元……

例二:在一家首饰商店里,一位客户正在选戒指。

店员:您看看这款,价格还是比较实惠的。

客户:哎哟,这哪行啊,我的项链2万多元呢,至少得和它相配才行吧……

有的客户在与人交往时喜欢表现自己,不喜欢听别人劝说,任性而且嫉妒心较重。很多时候推销员可以从客户的表情和语言来判断这类客户,他们在与推销员沟通时会着重显示他们的高贵,即便有时是在吹牛。

对待这类客户要以其熟悉并且感兴趣的话题为主,为他提供发表高见的机会,不要轻易反驳或打断其谈话。在整个推销过程中,推销员不能表现太突出,不要给客户造成极力劝说的印象。如果在推销过程中你能使第三者开口附和你的客户,那么你的客户就会在心情愉快的情况下作出令你满意的决策。对待这类客户有以下几种办法:

1. 赞美,甚至奉承

对待虚荣型客户,即使你早已看出他在吹牛,也要假装糊涂地附和一阵:"您穿上它好漂亮啊!""它真适合您的气质啊!"甚至奉承他道:"您真会买东西啊!"

像这种"谎言",就是说上一大堆也没关系,既给人以快乐,又锻炼了自己的口才,何乐而不为呢?记住,一个善于包容他人缺点的人,总比别人拥有更多成功的机会。

当然,"奉承"的时候千万不能说漏嘴,比如用"某某公司早就花了三倍多的价钱才买到"的言语来激发他的购买欲。

2. 刺激

比如，可以首先故意对客户说："某某明星虽然年纪也有您这么大了，可还是那么漂亮。"此时如果对方立刻变脸或面红耳赤，你的目的便已达到，应立即采取补救措施，迅速说出该明星的若干不是来，批评一通，对方肯定会显露出非常愉快的表情。

然后，你便接着先赞美这位嫉妒心强的客户，而且最好跟不特定的多数人作比较，数出他的优点，效果会更好。

我们所处的时代是强者辈出的时代，很多人都会感到自卑，感到和别人有差距，需要得到别人的赞美才能够很自信地活下去。因此，满足客户的虚荣心也成了推销的重要内容。

推销员一定要让自己的客户有优越感。毕竟每个人都有虚荣心，而能让虚荣心得到满足的最好方法就是让对方产生优越感。但需要注意的是，巧妙的赞美能够满足一些人的优越感，而拙劣的奉承往往会激怒客户。因此，奉承一定要选择较好的时机和恰当的人。一般来说，让人产生优越感最有效的方法是对他自己感到骄傲的事情加以赞美。

此外，对于推销员来说，还必须保证赞美不能说得过多，说得过多容易使客户产生厌烦情绪，认为这个推销员不够可靠、诚实。对不同客户的赞美应该是不同的，而且最好别在同一场合对不同客户同时加以赞美，这样显得赞美一文不值。

7 客户需求分析

销售是98%的了解人性+2%的产品知识！

7 客户需求分析

7.1 客户需要什么

因为销售渠道越来越多,商品让人眼花缭乱,客户的选择也多了,所以,很多店面销售人员抱怨现在的客户越来越难伺候了。店面销售人员可以为客户做什么?客户的真正需求是什么?这些都是我们需要思考的问题。

与客户沟通时,我们只有对客户的心理需求了如指掌,才能捕捉到客户的需求信息,然后在向客户介绍的过程中有所侧重。为了让大家能够更好地明白识别客户需求的重要性,请大家认真阅读下面的例子:

【案例7.1】 拉里·休斯顿(Larry Huston)曾经是宝洁公司(P&G)的副总裁,现在是沃顿商学院迈克技术创新中心的高级研究员,他在接受"沃顿知识"在线采访时说:"我见过很多产品,其中销路不好的产品中,有60%至70%都是因为不了解客户需求。"

思考 这个案例给你什么启示?

案例7.1说明了销售的真正目的是满足客户的需要,要使客户接受营业员和营业员的产品或服务,以达到满足客户需求的目的。真正能打动客户的不是营业员的夸夸其谈,而是营业员能满足他的需求。

7.2 客户的需求

客户的需求往往是多方面的、不确定的,需要去分析和引导。客户的需求分析是指通过买卖双方的长期沟通,对客户购买产品的欲望、用途、功能、款式进行逐步发掘,将客户心里的想法以精确的方式描述并展示出来的过程。

7.2.1 客户需求分类

按形式分为潜在需求和明确需求。如客户购买一台洗衣机,容量和省电节水是对洗衣机的明确需求,而当洗衣机不转动时,客户才发现内部纯铜电机的重要性,这就是客户对于购买洗衣机的潜在需求。

7.2.2 客户需求内容

客户需求的内容主要有:求尊重、求舒适、求卫生、求安全、求亲切、求方便、求享受、求气氛、求质量、求价格十大方面。

（1）求尊重：客户都有满足自尊心、虚荣心的需求。尽管大部分人在社会上是普通人，但却希望别人将自己作为一个不同于其他人而受到尊重和接待。这就要求营业员在态度上应表示出热情和友善，并耐心倾听客户需求，关心客户，同时做到礼貌周到。

（2）求舒适：客户到门店消费，首先感受的是门店的环境，如宽敞的大厅、雅致的装饰，无一不令客人感到舒适惬意。

（3）求卫生："病从口入"这句话人人都知道。店内的卫生关系到广大客户的身体健康及生命安全。因此，客户对店内的环境卫生、营业员的个人卫生等都有着较高的要求。

（4）求安全：客户离开自己熟悉的工作和生活环境，来到门店这个相对陌生的环境，会有担心和疑问，如"我不懂珠宝会不会受骗？"在被接待时会担心"她能否了解我的要求？"针对这些问题，营业员应考虑所提供的服务尽量给客人以安全感。

（5）求亲切：门店的服务是面对面的直接服务，是在营业员与客户之间进行的、由营业员直接提供的服务。因此，必须让客户感到我们的服务充满尊重之心和友好之情，也让这种独有的优质服务成为吸引客户再次光顾的条件。

（6）求方便：客户喜欢在交通便利的地方消费，而满足客户需求是商场经营的宗旨。所以，商场的选址应该在交通便利的地方，提供的服务也应方便快捷。

（7）求享受：客户到门店是为消费而来，是"花钱买享受"而不是"花钱买气受"的，因此我们提供的服务要让客户获得一种自由、亲切、被尊重、友好的感受，让客人高兴而来、满意而归。

（8）求气氛：许多客户正是因为门店的环境和气氛好才来消费的，如门店的装饰美观适用、色彩搭配良好、格调高雅，通过灯光灯饰、艺术品、鲜花等烘托出的幽雅气氛等。人们除了物质上的需求外，得到精神上的满足也是必需的。

（9）求质量：要确保是优质的产品，并做工精细。没有人想花钱买劣质产品。

（10）求价格：虽然有相当一部分客户的消费水平较高，出手大方，但这并不等于他们花钱无所顾忌。对客户来讲，他们希望所得到的产品与服务应与他们的支出是等值的，甚至是超值的。优美的环境和良好的气氛、优质的产品、优质的服务、合理的价格，才会让客户感到物有所值。

7.3 如何识别客户需求

一般来说，客户购买行为要经过这样一个心理过程：营业员是谁——营业员要说什么——营业员说的是否可信——我为什么购买——我为什么向营业员购买。

提问和倾听能让销售人员明白：哪些产品和服务能够满足目标客户的最强烈的需求。要学会从需求识别入手，除非已经足够多地提出了问题并足够仔细地聆听了客户的回答，否则沟通不会成功。

作为一位销售人员，还必须了解客户内心真正需要的是什么，他们的心理需求是什么。这些可以通过客户的"穿着打扮、举止神态、语言修饰"方面来判断客户的特征以及识别其需求。

7.3.1 通过提问了解客户需求

用封闭式问题来提问，通常得到的都是明确的答案，类似"是"或"不是"或一点详细的信息。如果营业员需要了解一些数据指标的话，它们是非常有用的。例如，"您是想买一对钻石结婚对戒吗？""您喜欢这个款式吗？"但是，这类问题很有可能会引发谈话中断，然后被迫尴尬地进入下一个话题，如"请问您是看黄金首饰吗？"

开放式问题是希望从客户那里得到一个详细的回复。但遗憾的是，多数开放式问题如果设置不当，会导致客户更仔细地考虑营业员所销售的产品。此时，营业员可能会错过一些潜在的有用信息。例如，"先生，您喜欢什么风格的项链呢？""小姐，有什么可以帮到您呢？"提问是了解客户需求最快捷的方式，选择良好的提问方式才能更好地定位客户的需求。

确定了所提问题，提问的方式也是营业员该注意的，主要有询问式、肯定式、常规式、征求式、澄清式五个方面。

询问式是指单刀直入、观点明确的提问，能使客户详细地告诉你所不知道的情况。例如，"先生，你想要找什么样的饰品？""先生，你是买给自己用还是送人呢？"这常常是为客户服务时最先问的问题，提这个问题可以获得更多的细节。

肯定式是指让客户回答"是"或"否"，目的是确认某种事实，以及客户的观点、希望或反映的情况。问这种问题可以更快地发现问题，找出问题的症结所在。例如，"先生，您确定是这一款吗？我随后为您打包。""先生，请你清点一下你已购买的饰品，看看我们是否帮你打包齐了。"这些问题是让客户回答"有"还是"没有"。如果没有得到回答，还应该继续问一些其他的问题，从而确认问题的所在。

常规式是指一般在与客户交谈时，可以问一些了解客户身份的问题。例如："先生，您怎么称呼？""137××××023是你的号码吗？"客户的姓名、电话号码等都应该掌握，其目的是获得客户的个人信息，从而拉近与客户的距离，也便于售后服务或通知老客户参加周年庆等回馈活动。

征求式是指让客户描述情况，谈谈客户的想法、意见、观点，有利于了解客户的兴趣和问题所在。对于有结果的问题，问客户对提供的服务是否满意，是否有需要改进的地方，如何改进，等等，这有助于表达我们的诚意，提高客户的忠诚度。

澄清式是指对于客户所说的问题，有些是必须给予澄清的。在适当的时候，以委婉的询问，澄清一些诸如规定、政策、信息等。例如，售后服务的相关规定要向客户解释清楚，在客户需要售后维修时有助于减少不必要的争论和麻烦。

7.3.2　通过倾听了解客户需求

【案例7.2】 导购：您的橱柜选好了吗，什么风格的？

客户：选好了，比较简单的，淡黄色。

导购：淡黄色啊，现在很流行这个色调，这种橱柜装在厨房里显得亮堂、高贵、温馨，您真会选橱柜。淡黄色的橱柜一般配这种色调的吊顶比较多，您可以看看！

思考 这个案例给你什么启示？

案例7.2中，导购通过倾听了解了客户的需求，让客户自己挑选，最后通过赞美轻易地达成了销售。这说明听清客户的需求对成交尤为重要，销售就是卖给客户所需要的产品。

在与客户进行沟通时，必须集中精力，认真倾听客户的回答，站在客户的角度、立场尽力去理解对方所说的内容，了解对方的想法和顾虑，以及对方的需要，要尽可能多地了解对方的情况，以便为客户提供满意的服务。

7.3.3　通过非语言行为了解客户需求

【案例7.3】 高明的裁缝

"性子急的人或年纪小的人，衣服要短一点；性子慢的或年纪大的人，衣服就要长一点。"妙！好一个厉害的裁缝！他往深里说道理了。观察客户的年龄、性情等可以确定什么样的衣服更适合。大家想想看，性子急的人做事风风火火的，还有那天真活泼的孩子、青少年，喜欢动，他们的衣服太长了行动不方便，说不定还要摔跤呢。至于不好动、年龄大些的人，衣服就可以长一些，很得体。

"若是举人，年少中举人的，大都性情骄傲，走起路来挺胸凸肚，所以衣服要做得前面长，后面短。如是老年中举人的，大都意气消沉，走起路来弯腰曲背，所以衣服要做得前面短，后面长。"这个裁缝太高明了！他不仅是量体裁衣，而且是综合考虑了这么多的哲学要素来裁衣。

❓ **思考** 这个案例给你什么启示？

案例7.3裁缝的话中透露出：观察客户不同点，就能合适地推荐适合该客户的产品。要说服客户，就必须了解他当前的需要，然后着重从这一层次的需要出发，晓之以理，动之以情。同理，在与客户沟通的过程当中，营业员可以通过观察客户的非语言行为了解客户的需要、欲望、观点和想法，采用适合客户的接待方法。

7.4　如何打动客户

7.4.1　专业取信客户

初次与客户接触，要给客户留下良好的第一印象。虽然具体长相我们不好改变，但是我们可以改变自己的自身形象和专业素质。用专业的形象和专业的知识去征服客户，提高客户的信任度，这一点很重要。

7.4.2　利益打动客户

营业员在向客户推销产品的时候，若是一味地把产品展示给客户，或只是一直说产品或者服务如何的好，而没有切合客户的切身利益。这样是无法打动客户的，因为客户所关注的是营业员所推荐的产品或者服务能给他带来什么利益和优势。那么这个时候，我们的营业员就要"投其所好"，用能给客户带去的利益作为筹码，以引起客户的兴趣，让洽谈能够顺利地进行下去。另外，通过案例说服打动客户。例如，介绍某某经销商销售该产品，带来较好的利润等，为成交做铺垫。

7.4.3 态度感染客户

让客户成交绝非易事，一定要做好心理准备。营业员在接待客户时即使被拒绝了，信念、精神都不能垮。要始终保持积极乐观向上的态度，要充满激情与活力，要在客户面前展示自己博大的胸怀和坚定的态度与意志。要有"客户可以拒绝营业员的产品，但他不能拒绝营业员这个朋友"这种思想。

7.4.4 情感感动客户

人都是有血有肉的感情动物，客户也是如此，有些客户可能表面很冷漠，营业员三番五次拜访他都不合作，但是营业员再坚持一下也许就能成功了。因为客户不仅仅注重产品的优劣，而且看重营业员的个人素质。

7.4.5 行动说服客户

我们不光要感动客户，实际服务行动也很重要，要善于为客户着想，不要只想着要客户购买，要想办法帮助其解决难题，并为其提供比较切实可行的方法。例如，为客户递上一杯热茶，在商品有优惠时及时通知客户，等等。做到处处为客户着想，用心为客户服务，才能建立长期的合作关系。

7.4.6 用心服务客户

作为一位营业人员，要真正地用心为客户提供服务，用心思考，善于总结，真诚地为客户服务；对客户要将心比心，学会换位思考，多站在客户的角度去考虑，善于抓住客户的心理进行"攻略"。

7.5 如何接待客户

服务工作的过程包括四个阶段：接待客户、理解客户、帮助客户、留住客户。接待是店面销售人员建立客户关系的基础。接待客户是交易的第一步，也是成交的关键。

7.5.1 了解客户期望心理

客户期望营业员具有服务意识、真诚互惠意识、沟通交往意识、应变创新意识和塑造形象意识。

营业员是服务型岗位，具备服务公众的意识特别重要。一句贴心的问候、一杯淡淡的清茶看似简单，但是没有良好的服务意识，是没办法做好的。因此，优秀营业员必须具备专业服务意识及良好的亲和力，能够发自内心地喜爱自己的工作及热情地为客户服务这些最基本的条件。

营业员对外代表企业，对内代表客户利益，所以必须具备真诚互惠的意识，才能在本岗位发挥巨大的作用；否则，自己的意识稍有偏颇，就会损坏一方的利益，要么自己公司的利益受到损失，要么得罪客户。唯有具备真诚互惠的意识，才能平衡好双方的利益，以便维持良好的客户关系，确保企业的利益不受损失。

营业员的工作就是以交流、沟通为主，而这种多角度、多层次的沟通仅有能力还不够，还必须要有相关沟通交往的意识，因为沟通不畅而造成企业的内部矛盾、客户抱怨的例子不胜枚举。

营业员要面对各种各样的矛盾冲突：价格是否合理、质量是否相符、售后退换等多种冲突，那么，营业员的应变与创新的能力就特别关键，客户的满意除了企业满足客户的实际需求以外还要看在面对复杂问题时的处理方式，所以在面对各种局面时能适时应变、创造性地开拓思路、解决问题也是营业员必须具有的基本素质。

营业员是企业形象的第一责任人，承担着塑造自身形象和企业形象的双重任务。所以要时时注意自己的身份，为企业塑造良好的形象。

7.5.2 接待准备

营业员在接待客户前要做到以下几点：分析和预测客户需求、主动和客户说话、客户如果有同伴来，不可忽视其同伴，但也不能喧宾夺主。

了解客户的需求包括情感、信息等需求，在客户沟通中营业员要主动关注客户需求，以客户为中心并通过倾听、提问等技巧理解客户。

面对客户不管客户是否说话，从客户进店开始5秒钟之内，需要主动微笑并开场；在接待时如果大人带小孩，进店5秒钟之内必须先和小孩打招呼，如：称赞孩子可爱，询问几岁了、姓什么、打算带爸爸妈妈来买什么，等等。

营业员要学会处理客户关系，把客户当成自己的朋友，争取赢得客户的信任，以便与客户建立买卖双方长期合作的关系。

在客户沟通中，营业员要以互惠的原则去和客户交流，懂得赞美客户，礼貌地对待客户及其同伴。

7.5.3 接待技巧

营业员接待客户，要把握提问四原则和讲话五原则，能巧妙地使用接近客户的方法，在适当的时机接近客户。

◆◆ 客户沟通技巧

营业员接待客户时提问四原则主要包括不要连续发问、提问先易后难、想办法提出一些促使客户做决定的问题、让客户说话。

不要连续发问：如果连续发问，客户会觉得营业员简直在做调查，会感到不愉快。应慢慢问，并避开一些隐私问题。

提问先易后难：应先问一些基本问题，如"先生，请问有什么可以帮到你？"然后依情形提出深层次问题。

想办法提出一些促使客户做决定的问题。例如，如果客户有把商品拿在手里重新看一次的情形，依此判断客户很需要这件商品，营业员应趁机提问："还满意吗？"如果客户说："好"或"不错"，就说明可能会成功购买。

让客户说话：营业员若只顾自己讲话就难以知道客户需求，而用提问的方式和赞美的语句可以打开客户的话匣子，激起客户的兴趣，活跃气氛，促进成交。

讲话五原则：用肯定而不是用否定语气；用委婉的而不是命令的语气；不下断言，让客户自己决定；多赞美客户和感谢客户；多检讨自己，客户永远是对的。

用肯定而不是用否定语气：比如有客户问："有××商品吗？"回答："没有"，会使客户很不高兴，马上离开。而我们换一种方式回答："有这种类似商品，您不妨试一试。"客户就不会有被拒绝的感觉了，而且很容易让客户产生兴趣。

用委婉的而不是命令的语气：遇到客户退货时先说："对不起！"然后再委婉的陈述，比如"不能调换"，这句话可以换成"实在抱歉，公司有规定您的情况是不能换的，但我可以为您想想办法，拿去总部帮您整修，您看如何？"

不下断言，让客户自己决定：比如，"您的眼光真好，这款很适合您。"给客户以满足感。但换成"这个不错"，客户就会感到自己被强迫了。营业员不要轻易给客户下决定。

多赞美客户和感谢客户：在销售时，尽可能用"这饰品你佩戴起来真好看！"等赞美语和说"谢谢惠顾！"这样的感谢的话，因为这样可以营造良好的交易氛围，有利于提高成交率。

多检讨自己，客户永远是对的：即使和客户看法不同也不要与其争论，因为良好的服务态度是赢得客户的重要因素。多检讨自己的不足，冷静地应对客户的刁难是营业员取得成功的关键一环。

我们应该让客户自由地挑选商品并不是意味着对客户不理不睬、不管不问，关键是营业员需要与客户保持恰当的距离，用目光跟随客户，观察客户。

一旦发现时机，立马迎上去提供相应服务。最佳时机有以下几种，例如，当客户突然停下脚步（表示看到一见钟情的商品），当客户找标签和价格（表示产生兴趣，想知道品牌、价格、产品成分），当客户看着产品又四处张望（表示欲寻求导购的帮助），当客户仔细地打量某件商品（表示有需求，欲购买），当客户主动提问（表示客户需要帮助或介绍）。

接近客户的方法包括问题接近法、介绍接近法、示范接近法、好奇接近法、利益接近法、演示接近法和赞美接近法。

问题接近法是通过销售人员直接向客户提出有关问题，通过提问的形式激发客户的注意力和兴趣点，进而顺利过渡到正式洽谈。例如："您好，有什么可以帮您的吗？""这件饰品很适合您！""请问您要哪一款？""您的眼光真好，这是我们店里最新上市的产品。"

介绍接近法是销售人员与客户联系或接近时采用的形式，有自我介绍和产品介绍。自我介绍法是指销售人员自我口头表述，然后用名片、工作证来向客户介绍自己。产品介绍法也是销售人员与客户第一次见面时经常采用的方法，这种方法是销售人员直接把产品、样本、模型在客户面前，使对方对其产品引起足够的兴趣，最终接受购买的建议。

示范接近法是利用产品示范展示产品的功效，并结合一定的语言介绍，来帮助客户了解产品，认识产品。最好的示范就是让客户亲身体验产品。例如，商场中的试戴或试吃活动。

【案例7.4】 一位英国皮鞋厂的推销员曾几次拜访伦敦一家皮鞋厂，并提出要拜见鞋店老板，但都遭到了对方的拒绝，后来他又来到这家鞋店，口袋里揣着一份报纸，报纸上刊登了一则关于变更鞋业税收管理办法的消息，他认为店家可以利用这一消息节省许多费用，于是，他大声对鞋店的一位售票员说："请转告您的老板，就说我有路子让他发财，不但可以大大减少订货费用，而且还可以本利双收赚大钱。"销售人员向老板提赚钱发财的建议，哪家老板会不心动呢？最后推销员得到了老板的接待。

思考 这个案例给你什么启示？

案例7.4中推销员利用客户的好奇心理来接近对方，得到了向鞋店老板推销产品的机会。好奇心是人们普遍存在的一种行为动机，客户的许多购买决策有时也多受好奇心理的驱使。

【案例7.5】 一位文具销售员说："本厂出品的各类账册、簿记比其他厂家生产的同类产品便宜三成,量大还可优惠。"

思考 这个案例给你什么启示?

案例7.5中销售人员着重把商品给客户带来的利益放在第一位,首先把好处告诉客户,把客户购买商品能获得的利益向客户陈述。从而引发客户兴趣,增强购买信心。这种利益接近法迎合了大多数客户的求利心态,且突出了销售重点和产品优势,有助于很快达到接近客户目的。

【案例7.6】"我可以使用一下您的打字机吗?"一位陌生人推开门,探头问。在得到主人同意之后,他径直走到打字机前坐了下来,在几张纸中间,他分别夹了几张复写纸,并把复写纸放进了打字机。"营业员用普通的复写纸能复写得这么清楚吗?"他站起来,顺手把这些纸分发给办公室的每一位,又把打在纸上的字句大声读了一遍。毋庸置疑,来人是上门推销复写纸的。

思考 这个案例给你什么启示?

案例7.6中,推销员运用了演示接近法,他并没有直接介绍复写纸的优点,而是通过演示让潜在的客户相信这种复写纸比普通的复写纸好,用事实说话往往更具说服力。

【案例7.7】在优美的旋律下,一位漂亮的女士让你颇想与她共舞一曲,可惜"她"的身边已经有个"他"。如何实现这个心愿而又不得罪那位护花使者呢?你不妨试着对那位绅士说:"先生,你的舞伴真漂亮,如果您不介意,我可以请她跳支舞吗?"

思考 这个案例给你什么启示?

案例7.7中的人运用了赞美接近法,通过赞美而得到了与漂亮女士共舞的机会,每个人的天性都是喜欢别人的赞美",现实的确如此。赞美接近法是销售人员利用人们希望别人赞美自己的愿望来达到接近客户的目的。

赞美对方并不是美言相送,随便夸上两句就能奏效的,如果方法不当反而会起反作用。在赞美对方时要恰如其分,切忌虚情假意,无端夸大。不论如何,作为一位销售人员,时时要记住赞美是接近客户的一种方法。

❼ 客户需求分析

> 延伸阅读

$ APPEALS 方法

$ APPEALS 是一种了解客户需求的、确定产品市场定位的工具。一般使用在市场规划和产品规划的细分市场中，因为可以从多个维度、不同权重来分析需求，所有 $ APPEALS 一定会联系到细分市场，联系到竞争对手，涉及差异化分析和蓝海的价值创新（减少、增加、剔除、创新）。差异化可以说是理解市场和分析市场中的一个重要内容，只有清楚了差异化才能够树立自己产品的核心竞争力。

$ APPEALS 方法是 IBM 在 IPD 总结和分析出来的客户需求分析的一种方法。它从八个方面对产品进行客户需求定义和产品定位。具体如下：

$—产品价格（Price）；
A—可获得性（Availability）；
P—包装（Packaging）；
P—性能（Performance）；
E—易用性（Easy to use）；
A—保证程度（Assurances）；
L—生命周期成本（Life cycle of cost）；
S—社会接受程度（Social acceptance）。

使用客户 $ APPEALS 框架来确定客户的欲望与需要，建立针对每一个细分市场的产品包对应图。客户 $ APPEALS 框架的目的主要包括以下方面的内容：

（1）处理目标细分市场的全部客户欲望与需要；
（2）建立客户驱动的需求集，作为投资的重点；
（3）确定要想在所选细分市场获得成功必须达到的主要分界标准；
（4）确定促使客户选择公司产品的主要差异。

这个要素反映了客户为一个满意的产品，交付希望支付的价格。用这个标准来要求供应商时，要从实际和感觉这两方面来考虑客户能接受的购买价格。将包括以下的数据评估：技术、低成本制造、物料、人力成本、制造费用、经验、自动化程度、简易性、可生产性等。

这个要素通常反映了在可靠性、安全和质量方面的保证。用这个标准来要求供应商时，要考虑客户在可预测的环境下关于减少他/她关注确定的性能方

◆◆ 客户沟通技巧

面如何评价整个产品。这可以包括保证、鉴定、冗余度和强度。

这个要素描述了对交付期望的功能和特性。用这个标准来要求供应商时，要从实际和感觉这两方面来考虑有关功能和特性的产品性能。产品工作得怎样，是否具备所有的必须的和理想的特性，是否提供更高的性能，从客户角度来衡量，如速度、功率、容量等。

这个要素描述了期望的设计质量、特性和外观等视觉特征。就软件而言它描述了交付或提供的功能包。用这个标准来要求供应商时，要考虑客户对外形、设计等意见，还有这些属性对交付的期望的贡献程度。关于包装的考虑，应该包括样式、模块性、集成性、结构、颜色、图形、工艺设计等方面。

这个要素描述了交付的易用属性。用这个标准来要求供应商时，要考虑客户对产品的舒适、学习、文档、支持、人性化显示、感觉的输入/输出、接口、直观性等方面的考虑意见。

这个要素描述了客户在容易和有效两方面的购买过程（例如，让客户有他自己的方式）。用这个标准来要求供应商时，要考虑在整个购买过程的优秀程度，包括预售的技术支持和示范、购买渠道/供应商选择、交付时间、客户定制能力等。

这个要素描述了所有者在使用的整个生命周期的成本，用这个要素来要求供应商时，要考虑安装成本、培训、服务、供应、能源效率、价值折旧、处理成本等。

这个要素描述了影响购买决定的其他影响。用这个要素来要求供应商时，要考虑口头言论、第三方评价、顾问的报告、形象、政府或行业的标准、法规、社会认可、法律关系、产品义务等对购买决定起了怎样的促进作用。

$ APPEALS方法涉及很多内容，首先，要通过用户调查收集具体的用户最关心哪个维度的问题，根据这些调查数据来确定每个维度的权重；其次，要分析自己公司和竞争对手公司的产品在现阶段各个维度的评分；最后，画出相应的雷达图进行差异化分析。根据公司的战略目标和市场策略，应该重点关注哪些核心功能和核心需求，如何减少自己的弱势并提升自我优势以体现差异化，如何进行价值创新等。

⑧ 客户目标实现障碍分析

以信心十足的态度去克服成交障碍!

8 客户目标实现障碍分析

8.1 客户目标实现障碍来源

客户目标实现的障碍主要来源有三种，即品牌的障碍、自身的障碍和现场的障碍（如图8-1所示）。

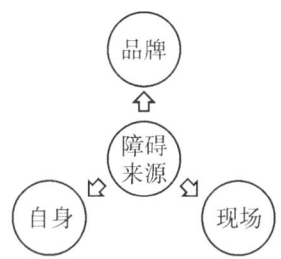

图8-1 客户目标实现的障碍来源

8.1.1 品牌认知对客户消费的影响

当今社会人们不断追求时尚，追求名牌。人们聊天的话题里，开始越来越多地出现各种昂贵品牌的名称：耐克、阿迪达斯……我们经常可以听到这样的话语："我用的是苹果手机！""我买了一件1000多元的衣服……"我们也曾听到过这样的事例：某某名店打折促销，人潮涌涌。那么，名牌到底代表了什么？是不是拥有名牌就跟上了时代潮流？是不是拥有名牌就拥有了气质、品位甚至地位呢？

好的品牌会创造需求。成功的品牌不仅会着眼于情感、着眼于"发现和满足客户需要"，从心理需求、情感欲望上打动客户让客户找到购买的理由；还善于找出产品和客户的情感因素，从而进入客户情感需求的切入点，和客户产生心理共鸣，有效调动了客户的情感需求，提高了客户的购买积极性和主动性。

随着商品经济的发展，市场竞争越来越体现为品牌的竞争。品牌已成为企业的核心价值，也是企业在激烈的市场竞争中制胜的有力法宝。伴着产品的成长、成熟，企业也受到现有企业的竞争、潜在入侵者的威胁，以及替代产品或服务的威胁；客户的购买行为日趋理性化，不再单纯地选择产品，而是选择一种自己依赖的品牌。我们可以从几方面了解品牌，如品牌的含义、品牌认知度和品牌认知对客户购买的影响。

品牌是一种错综复杂的象征。这是品牌的属性、名称、包装、价格、历史、声誉、广告风格的组合。

品牌在客户消费中扮演着重要的角色。美国著名市场营销专家菲利普·科特勒在其《营销管理——分析、计划与控制》一书中表述道："品牌是一种名称、名词、标记、符号、设计或是它们的组合运用,其目的是借以辨认某个销售者或某销售者的产品或劳务,并使之同竞争对手的产品和服务区别开来。品牌也因客户对其使用形象及自身经验而有所界定。"

品牌认知度是评价品牌社会影响力大小的重要指标。《品牌认知:从产品到客户》中提到,对品牌认识和研究的重心应偏向于客户而不是生产者。因为品牌归根结底是一个以客户为中心的概念,没有客户就没有品牌。

客户对品牌的认知过程是由知之甚少到认同,这个过程也是品牌的成长过程。品牌认知度是指客户对品牌的了解、记忆和识别程度。具体表现为客户在想到某一产品时,即想起这种产品的品牌。品牌认知度是评价品牌社会影响力大小的重要指标。面对知名度不高的产品,尤其是高价产品,客户常常怀有戒备之心,希望证实自己的购买物有所值,才会做出购买行为。

品牌认知是客户视角的品牌权益的核心要素。它可以定义为一系列相互交织而形成的一个网络框架,它关系到客户记忆中对该品牌的相关性描述及评价等信息。客户对于产品的品牌形象认知,会影响客户对于产品的评价与选择。

客户对某一品牌越忠诚,对这种产品的价格敏感度越低,因为在这种情况下,品牌是客户购买的决定因素。客户往往认为,高档知名品牌应当收取高价,高档是身份和地位的象征,并且有更高的产品质量和服务质量。品牌定位直接影响客户对产品价格的接受程度。

良好的品牌会让客户放心购买,如当一些普通的商品被贴上知名品牌的标签,也会减少客户的戒备心,让客户主动购买。

8.1.2 所销售的产品在客户中的口碑

在中国客户的消费习惯当中,当周围的亲戚或朋友都推荐某种商品时,其心中就会对某种产品产生一种信赖。当一种产品因其品质好而被众人称赞时,说好的人多了知名度也就扩大了,这就形成了口碑。为了读者可以更好地了解口碑的重要性,请认真阅读下面的例子:

【案例8.1】苹果公司的iPhone在德国推出时,其在手机产品中所占的口碑数量份额大约为10%,比市场领先产品少1/3。但是,iPhone也在其他国家推出,在德国传递的这些信息,其口碑影响力是平均水平的5倍。这就意味着iPhone的口碑价值分数比市场领先产品高出30%,推荐iPhone的有影响力者是推荐市场领先手机者的3倍。结果,有关iPhone的正面口碑而产生的直接销售量，是苹果公司付费营销活动所产生的销售量的 6 倍。在推出 24 个月后，iPhone 在德国的销量几乎达到一年 100 万部。

思考 这个案例给你什么启示？

案例 8.1 中良好的口碑使苹果手机有了一个好的销量，口碑营销价值所具有的灵活性让我们能够衡量它对企业、产品和品牌的影响，而不论其所在的产品类别或行业如何不同。

口碑对企业品牌来说非常重要，影响口碑的因素主要有：信息所传递的内容、信息传递者的身份、口碑传播的途径。

信息所传递的内容是口碑产生影响力的首要推动因素。在多数产品类别中，如果要影响客户的决策，信息的内容必须针对产品或服务的重要特性和功能。例如，在皮肤护理产品中，关于包装和成分构成等信息会受到人们的重视，且客户常倾向于对功能信息进行讨论，或分享使用效果进而形成口碑。

口碑接收者必须信任传递者并相信他们所说的产品或服务。在彼此信任、关系密切的圈子中传播信息影响力较大。亲朋好友是我们信任的人，我们对其推荐的产品产生信任。例如，很多人在购买商品时都喜欢征求亲朋好友的意见和建议。

口碑传播的途径有杂志、电视、广播、书刊的宣传；客户使用后感觉良好而向家庭、亲友、邻居、同学介绍或推荐。

8.1.3 客户自身的障碍

客户自身障碍产生的原因主要有：款式、价格、决策权、急用程度、财务等没有达到想要购买的标准；害怕买错，害怕上当，以前有过无数次错误购买的经历；不了解，不信任。

为了读者可以更好地了解一些常见客户购买障碍，请认真阅读下面的例子：

【案例 8.2】 一位女性朋友今天买了一件衣服，A 问她多少钱买的。

A：这件衣服多少钱买的？

B：猜猜看，猜猜看多少钱？

A：100 元总够了吧？

B：200 元啊！

A：太贵了，我有个朋友买了件款式质量相同的才 100 元。

B：那我被骗了，我以后也不要光顾那间店了。

思考 这个案例给你什么启示？

案例 8.2 中，A 觉得 B 的衣服买贵了，而导致 B 对所购买过的那家店铺失去了信心。在销售中客户会害怕买错，因此不可忽视客户内心的疑虑。只有消除客户的担心，让客户感到物超所值，客户才会购买。

8.1.4 现场的障碍

为了让读者可以更好地了解一些常见现场购买障碍，请认真阅读下面的例子：

【案例 8.3】 某商场某品牌售衣专柜，一位客户看中了一件毛衣。

客户：这件衣服有没有小一点的？

销售员：这件刚好，你瞧多好看，你腰比较粗，再小就太紧穿不下了。

客户：我腰粗吗？你这是什么态度，这衣服这么大才会显得腰粗呢？你到底会不会卖衣服啊！

销售员：我卖衣服已经五六年了，看过的客人太多了，我一看就知道你应该穿几号的衣服，如果再小一号会让你的小肚子包得紧紧的反而难看。

客户：你这人真是没有审美观念，算了！算了！不买了，真不会讲话。

销售员：不买，你干吗试穿衣服！

思考 你认为案例 8.3 中对话中的销售员在工作中存在什么问题，正确的服务态度应该是怎样的？

案例 8.3 中销售员现场应答客户的问题态度非常的不好，导致客户愤然离去，原因在于不是客户没有购买意愿而是现场销售员的服务态度破坏了整个交易氛围。

服务态度的好坏是影响客户满意度的关键因素。对于营业员来说，拥有良好的服务态度，对于客户提出的问题应对得体是消除客户障碍的重要环节。

现场接待阶段常出现的障碍有如下几种：

情景 1：

客户：我随便看看。

销售员：哦，好的，那您随便看吧。

❽ 客户目标实现障碍分析

分析：客户随便看看，看看就走，而且，一旦我们这样应对客户，要想再次主动接近客户并深度沟通就会会变得极为困难。

正确应对策略：当客户说"随便看看"时候，营业员可设法减轻客户的心理压力，将客户的借口变成自己接近对方的理由，积极地将销售过程向成交方向推进。当然，如果客户确实需要自由选购的空间，营业员应该尊重客户的意愿，让客户在自由自在的氛围下挑选，导购则可回到正常岗位，留意客户行为，观察客户购买兴趣，并适时为客户提供帮助。

情景2：

客户：我喜欢，可我朋友觉得一般，想再到其他地方转转。

销售员：这是我们的新品，怎么会不好看呢？

分析：这种说法缺乏充分的说服力，并且容易导致导购与陪伴者产生对立情绪，不利于营造良好的销售氛围。

正确应对策略：对客户说：您的朋友对您真是用心，能有这样的朋友真好！请问这位小姐，您觉得什么地方不好看呢？您可以告诉我，这样我们可以一起来给您的朋友提建议，帮助您的朋友找到一件更适合她的饰品。

情景3：

（客流高峰期）客户：请问能不能拿这个给我看一下。

销售员：您等一下，我先忙完这儿的客户。

分析：销售员让客户有被冷落、被忽视的感觉。任凭客户询问无暇顾及，甚至视而不见，是非常不礼貌的。

正确应对策略：对客户说："真的不好意思，今天客人比较多，我们人手不够，有招待不周的地方还请多多包涵。您先看看我们今年的这些新款吧，有喜欢的就叫我一声，我会马上过来，您看这样好吗？"

在消除现场障碍后，营业员要学会对不同类型客户使用不同的接待方法。

客户类型有以下八种：

（1）慎重型。这类客户在选购商品时，都是挑挑这个选选那个拿不定主意。对于这类客户，销售员不能急急忙忙地说："您是看中了这款吗？"而应该拿出两种以上的商品来以温和的态度对比介绍。

（2）反感型。尽管营业员介绍的都是真实情况，客户也会认为是在说谎骗人，这类客户对销售员介绍商品抱不信任的态度。对于这类客户，销售员不应表现出反感，更不能带有怨气来对待。

（3）挑剔型。这类客户比较挑剔的客户，销售员对待这种客户不要加以反驳，而要耐心地先听客户讲，再有针对性地介绍产品。

(4) 傲慢型。这类客户在营业员面前晃来晃去,好像在说:"我是客户啊!"销售员如果稍稍表现不耐烦或者没有对其正面回应,他就会提出抱怨和指责。对于这类客户,年轻的销售员会感到不愉快。但是,为了接待好这类型的客户,最好采取冷静沉着的态度。

(5) 谦逊型。这类客户在营业员介绍商品时,总是听营业员作介绍,并且说:"真是这样,对,对。"对待这类客户,不仅要诚恳有礼貌地介绍商品的优点,而且连缺点也要介绍。这样就更能取得该类型客户的信任。

(6) 观望型。这类客户对专卖店持怀疑态度,不知专卖店究竟如何,一边观看橱窗一边犹犹豫豫地走进店内。对于这类客户,销售员不必急于打招呼,应等待适当时机。

(7) 无意购买型。这类客户进店没有购买的意思,营业员也要主动打招呼,耐心引导客户,以激发其购买欲望。

(8) 连带购买型。若客户急于想连带购买其他商品,营业员应重点关注客户或跟随客户以促使其连带购买,或通过买二送一的促销手段来促成客户购买。

在整个接待过程中,营业员要抱着这样的想法:只要营业员消除了客户的购买障碍,客户就会购买。因此,营业员要做好接待工作,提供办法解决阻碍成交的不利因素,强调客户获得的价值要远远超过产品的不利因素。

8.2 如何克服客户目标实现障碍

克服客户目标实现障碍非常重要的措施是为客户创造价值,那么客户的价值从何而来呢?

客户的价值主要来源于产品、价格和售后三个方面(图8-2)。

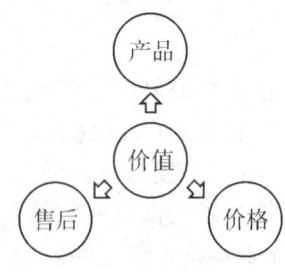

图8-2 客户价值来源

8.2.1 产品

在产品方面,主要包括产品的用途和质量。

产品按用途可分为自用和送礼用:自用则主要体现在为自我的需求而产生购买的冲动;送礼用则主要体现在产品包装得体、产品设计大方等方面,让送礼和收礼的人都有面子。

世界上几乎所有的成功公司都无一例外地重视产品的质量并视其为公司生命,客户也永远认同质优价廉的产品,因此,为客户提供高质量的产品是公司服务客户关键的一环。

为了让读者可以更好地了解产品质量的重要性,请认真阅读下面的例子:

【案例8.4】三星集团是世界有名的企业。三星总裁李健熙自上任就大声疾呼:三星人要摒弃重产量轻质量的落后观念,树立质量至上的意识,否则很难使企业生存下去。此话绝不是危言耸听。他曾经飞往美国洛杉矶调查了许多电器商店,发现三星电器在价格上比日本电器要便宜,然而却仍不能吸引客户。他立即召来三星的三位高级职员,首先把市场上最畅销的电视和录音机产品同三星产品摆在一起比较,三星产品相形见绌。然后,让三位高级职员到商店去询问三星产品为什么不受欢迎。答案是:设计粗糙、故障率高、售后服务差等。他并没有就此止步,而是进一步在企业内寻找原因。他发现:过去三星评估下属企业和职工的表现时,65%看产量,而质量最多却只占到35%。

思考 这个案例给你什么启示?

案例8.4中三星公司因重产量轻质量而没有得到客户的青睐,这样的问题让三星意识到要树立质量至上的意识,否则企业很难生存;而且产品有质量保证是让客户放心购买的重要条件。

人人都是客户,没有人会不为自己负责。在客户服务中,换位思考,感同身受,这是尽人皆知的道理。如果作为服务客户关键环节的产品品质没有保证,那么一切都无从谈起。

8.2.2 价格

价格是商品价值的货币表现形式,而商品价格的高低,直接关系到买卖双方的切身利益,也直接影响客户对某些商品的购买意愿以及购买数量的多少。因此,商品价格是客户购买心理中最敏感的因素。价格作为客观因素,它对客户的购买心理必定产生影响，进而影响客户的购买行为。

影响客户对价格敏感度的因素主要包括三大类：产品因素、公司营销策略和客户个体因素。

产品是客户与企业发生交易的载体，只有当客户认为产品物有所值时，产品的销售才有可能得以实现。产品的自身特性影响客户对价格的感知，品牌、高质和独特的产品往往具有很强的价格竞争优势。产品的因素有：

1. 替代品的多少

替代品越多，客户对价格敏感度越高；替代品越少，客户对价格敏感度越低。替代品是指能够满足客户同样需要的产品，包括同类产品、不同品牌的竞争产品和同一品牌的不同价位的产品。手机、电脑、VCD的价格大战，就是因为替代品过多的缘故。

2. 产品的重要程度

产品越重要，客户的价格敏感度越低。当产品是非必需品时，客户对这种产品的价格不敏感。如"非典"初期，在南方某城市，一瓶普通食用醋能卖到上百元。

3. 产品的独特性

产品的独特性可以带来溢价，新产品往往具有独特性，所以厂商在推出新产品时，往往制定一个很高的价格，当类似产品出现时，再进一步降价。例如，一台刚推出市面的苹果手机总要比已经推出市面好几个月的苹果手机价格高。

4. 产品本身的用途

产品用途越广，越会引起消费者的购买欲望。例如，一台同时具有洗涤和风干功能的全自动洗衣机，会比同品牌中的只有洗涤功能的洗衣机更受欢迎。

5. 产品的转换成本

产品转换成本高，如移动、联通的多数用户不愿意转网，就是因为手机号码已经成为个人的一种私有财产，变换号码可能会使自己的交际网络发生断裂。这样客户就不会轻易转换产品。

6. 产品价格的可比性

产品价格容易与其他产品比较，如在超市，产品的标签一目了然，摆放在一起的同类产品使客户更易进行价格比较，此时诱人的价格可以引发客户的购买冲动。

公司的营销策略可以分为价格调整、制定参考价格、促销三部分。

公司经常利用价格调整的手段来引导产品的销售，相对于产品策略和渠道策略而言，价格策略表现得更直接，同时也更为有效。

8 客户目标实现障碍分析

7. 价格变动幅度

价格变化的幅度与基础价格的比例越高，客户价格敏感度越高，比例越低，客户价格敏感度越低。韦伯－费勒定律显示：客户对价格的感受更多的取决于变化的相对值，而不是绝对值。例如，对于一辆自行车，降价200元会有很大的吸引力；而对于一辆高级轿车，降价200元也不会引起客户的过多关注。这个定律还一个重要启示：价格在上下限内变动不会被客户注意，而超出这个范围客户会很敏感；在价格上限内一点点提高价格比一下子提高价格更容易被客户接受；相反，如果一次性将价格下降到下限以下，比连续几次小幅度的减价效果更好。

8. 参考价格

参考价格为客户设置一个对比效应，从心理上影响客户的价格公平感知。参考价格通常作为客户评价产品价格合理性的内部标准，也是企业常用的一种价格策略。影响参考价格形成的最主要因素包括上次购买价格、过去购买价格、客户个人感知的公平价格、钟爱品牌的价格、相似产品的平均价格、推荐价格、价格排序、最高价格、预期价格，这些因素都是可以直接用货币衡量的。还有一些无形因素可以影响参考价格的形成，主要包括公司形象、品牌价值、购物环境、购物地点以及口碑宣传。在公司有多种产品时，参考价格的设置就显得更加有意义，例如，将某种产品或某种服务的价格定得比较高，可以提高整个产品线（服务种类）的参考价格，其余产品（服务）就显得比较便宜，牺牲这种高价产品（服务），可以增加低价位的产品或服务的销售，从而提高公司的总体利润。

9. 促销

价格促销可以说是对客户冲击最大、最原始、最有效的促销武器。价格促销，可提高客户对商品的关注度，对短期销量的提升具有立竿见影的效果。同样，对客户的品牌忠诚度也将产生深刻的影响。促销可以分为活动促销和会员制。

为了让读者可以更好地了解活动期间价格的影响力，请认真阅读下面的案例：

【案例8.5】 小王去超市购物，本来打算购买一瓶飘柔洗发水，可这时他看到货架旁边的力士洗发水正在促销打特价，而且比原价便宜了好多，于是他把打折的力士牌洗发水放入了购物车，而放弃了惯用的飘柔。

❓ **思考** 案例8.5中，是什么原因使小王在最后一刻改变了主意呢？价格促销对客户品牌忠诚度到底有什么影响呢？

◆◆ 客户沟通技巧

案例8.5中，小王因为促销活动而改变了以往买飘柔洗发水的消费习惯，这说明当高档商品进行促销时，不属于这类高档商品的购物群体，因看到该类商品的促销活动则可以使客户用低廉的价格买到更好的商品，而成为其可能的忠实消费者。

在非活动期间，有时店长特意为客人申请优惠折扣或赠送礼品使得产品未来的预期收益增加。为了让您可以更好地了解非活动期间的销售手段，请认真阅读下面的案例：

【**案例8.6**】周大福推出：使用CTF Club星级会员卡购买的首饰，一年内可享有翻新、电金或戒指调整圈口等免费服务（同件商品服务共计不超过两次），直接报卡号就可以用，还可享受到下列优惠：
①黄金工费七折；
②镶嵌类钻石首饰一口价九五折；
③铂金八五折；
④可享有CTF2、COCO会员权益，素银类八八折；
⑤使用CTF Club星级会员在周大福珠宝专营店购买的首饰，一年内可享有翻新、电金或戒指调整圈口免费服务，同件商品服务共计不超过两次，加金或更换配件费用需另计。

这种会员卡的推出得到了更多客户的青睐。

❓**思考** 这个案例给你什么启示？

案例8.6中，会员卡带来的价格优惠会让客户产生购买冲动，从而缩短了商家与客户之间的信息沟通渠道，直接与目标客户进行一对一的交流，从而把客户牢牢地掌握在自己手中。

8.2.3 售后

售后服务是企业营销中的一部分，没有售后服务的企业营销，在客户眼中是没有信用的销售；没有售后服务的商品，是一种最没有保障的商品；而不能提供售后服务的营销人员，是不可交的朋友。因此，做好、做细产品售后服务的企业感动了客户，提升了客户的满意度，也赢得了市场。售后服务对企业产品和服务走入市场化起着积极的过渡与推动作用。

1. 售后服务的概念

就企业在销售活动过程中的服务来说，一般存在售前服务、售中服务和售后服务三种形式。企业营销的售前服务通过营销人员把企业产品的相关信息发送给目标客户,包括产品的技术指标、主要性能、配置和价位等信息;售中服务则是为客户提供咨询、购物参谋、产品介绍、产品示范、订购、结算等现场服务;售后服务则包括与产品销售配套的包装服务、送货服务、安装服务、三包服务(包修、包换、包退)、排除技术故障、提供技术支持、寄发产品改进或升级信息、与客户保持经常性的联系、产品使用联系及建立客户档案、收集整理客户信息资料等服务。

2. 如何做好售后服务

把客户当作朋友,保持与客户的友好关系。你忘记客户,客户也会忘记你。所以,在成交之后,营业员应持续不断地关心客户,了解他们对所买产品的满意程度,虚心听取他们的意见,对产品存在的问题,采取积极的弥补措施,防止失去客户。

合理地处理客户的抱怨。面对客户的抱怨,营业员要注意不能粗鲁地对待他们,应仔细倾听,找出问题的症结,并对症下药。对客户的抱怨不加理睬或对客户的抱怨错误处理,会使企业失去客户。相反,如果企业能够合理解决客户的不满,则会增加客户对企业的信任。

帮助客户解决售后问题。服务就是指帮助客户,这不仅仅局限在交易过程中,售后的帮助显得更为重要。售后服务本身也是一种促销手段,良好的售后服务可以提高品牌信誉,扩大市场占有率。

 延伸阅读

蝴蝶效应*
——正视客户的异议和意见

正视客户的异议和意见,并把它们逐一解决掉,不留尾巴,不留隐患,这是推销成功的关键。

"蝴蝶效应"是美国气象学家洛伦兹 1963 年提出来的。洛伦兹被称为"现代混沌之父",他所提出的蝴蝶效应源于这样一个现象。

一场发生在美国德克萨斯的龙卷风是怎么来的呢?竟然有可能是南美洲亚马逊河边热带雨林中的一只蝴蝶偶尔扇几下翅膀导致的。蝴蝶翅膀的偶尔一次

---

* 引自凡禹:《销售知识全知道》,华中科技大学出版社 2012 年版,第 49—50 页。

◆◆ 客户沟通技巧

运动，使它周围的气流产生微弱的变化，而正是这次微弱气流变化又引起它周围空气以及其他气象系统产生相应变化，由此引起连锁反应，最终导致其他系统的极大变化。于是，几周后一场龙卷风诞生了。

"蝴蝶效应"的始末听起来有些荒诞，但它说明了一个道理：细小而关键的一些因素，有时候看起来是毫不起眼的，可是却往往决定着事情的成功与失败。

这种现象同样出现在销售过程中，客户在与销售员沟通的过程中，肯定会提出各种各样的异议，这些需要销售员密切关注。然而遗憾的是，很多销售员并没有把客户的异议解决掉，或者无法辨认出异议甚至根本没有感觉到异议的存在，从而由于一个小的失误丢掉了本来属于自己的生意。

一般来说，客户的意见有三种。

（1）在销售过程中，客户在犹豫不决时会把自己对于商品的否定性意见提出来，乍一听，似乎他不想购买这件商品了。

（2）在销售过程中，由于商品出现质量问题或者客户的兴趣发生转移，认为商品买得不值得。

（3）在销售过程中和销售后，客户都有可能赞扬店方商品质量好，价格实在，服务到家。

上面列举的三种意见中，第三种属于肯定性的意见，谁都愿意听取，所以我们在这里不做过多分析。有一点需要指出的是，不要被胜利冲昏了头脑，对肯定的意见也要冷静地辩证分析。

前两种意见比较难听，一般客户也难以启齿对店方说明，因此店方必须采取措施鼓励这种意见的提出。对于第一种，可由销售员在销售过程中鼓励和引导客户说出来；对于第二种，可以由店方设立意见箱，发出问卷调查表，大商店可以设专人收集这类意见。

如何处理客户购物中提出的意见呢？客户在购物过程中，由于心理处于矛盾状态，所以会把对商品不满意的地方说出来。许多销售员一听到客户的这种意见，顿时神色慌张、不知所措。其实，这些过度的反应大可不必。不管客户对商品提出什么问题，销售员都要表现出虚心的态度，不能有任何不耐烦的表现。

当然，销售员若是装聋作哑、佯作不知，也会使客户感到受了冷遇，购买热情会迅速消退，结果可能会奔其他商店而去。

而销售员对客户意见的倾听态度积极，客户对销售员的信任程度就越深，就越乐于购买店里的商品，销售员销售成功的机会就越大。

9 获得客户信任

"不信不立,不诚不行。"

❾ 获得客户信任

> 瞎子走路游戏

游戏说明：
一个学员闭眼，听从另一个学员的指挥行动。
游戏目标：
让学员感受如何全身心地去信任别人。
指导方法：
（1）游戏所需要的材料：
✧ 一块蒙眼的布。
（2）游戏场地：
✧ 教室或者培训室或者空旷的地方。
（3）游戏规则：
✧ 选出两位志愿者；
✧ 一个负责扮演"瞎子"，一个负责指挥"瞎子"走路；
✧ 指挥者要带领"瞎子"按指定的路线走；
✧ "瞎子"必须听从指挥者的指令；
✧ "瞎子"顺利按路线走到终点即为胜利；
✧ 表现突出者可获取相应奖励。
（4）游戏时间：
✧ 20～30分钟，并且让参与者发表感想。

9.1 什么是信任

信任在《现代汉语词典》的释义，是指相信而敢于托付。

在社会科学中，信任被认为是一种依赖关系。

尼可拉斯·卢曼（Niklas Luhmann）认为："信任是一个社会复杂性的简化机制。"

罗素·哈丁（Russell Hardin）认为："就某一事情而言，说我信任你，意味着关于该事情我有理由期望你为了我的利益行事，你的利益暗含我的利益。"

伯纳德·巴伯（Bernard Barber）则认为："信任从来不是完全充分的。"

白春阳认为："信任是一种多层次、多维度的社会心理现象。信任作为一种交往的态度，产生于交往过程中并作用于交往行为中，如果不相信交往对方，或是不相信交往行为能够产生合意的结果，那就不会有交往活动的发生。"同时,"信任作为一种心理和态度,具有某种感染或扩散的特征。一次的受骗受害产生的不信任,可以抵消先前建立起的信任,还能够扩大为较大范围的不信任。"

在销售中,客户为什么会与你成交,不仅是因为客户需要和产品本身,更多的是"信任"。销售并不仅仅是销售产品,更多的是销售你自己,获得了客户的信任,才能得到更多的成交。因此,我们在客户沟通上要做更多的让客户信任的事情。如果想成交,功夫在服务,服务好客户,直到客户信任你为止,成交就变得水到渠成了。信任是成交的根本,客户成交是对销售员信任的诠释,而技巧只是缩短客户对销售员信任过程的手段。

9.2 客户为什么要信任你

9.2.1 信任关系

信任关系的定义:信任是良好人际关系的基础,信任关系是相信并敢于托付他人的一种感觉,即感觉能与他人和谐相处、感觉他人有足够的能力解决我们的问题、感觉他人的动机与我们的需求一致。

信任关系的两大基础:能力和品格。

1. 能力

如右图中的冰山一样,能力只是露出水面的一部分。也就是说,自身的能力如何是可以让别人看到的,能够让别人一眼就确定你的存在,有能力的人是不会被人忽略的。但能力在你全部的魅力中,所占的比例却是很小,真正能够影响到别人的、征服别人的,还是自身的品格。

2. 品格

以右图为例,真正能够让船触礁的,是水下致命的那部分。品格是一个人内在素养、学识等的综合,其内在品格虽然不能让人一眼就看清楚,但在交往中能够起到潜移默化的作用,由强大的品格散发出来的魅力,能让客户由衷敬佩,继而建立信任。

【案例9.1】小赵的管区内有一个很有实力的客户,但负责人根本不见他,小赵只能见到一个低级的主管,也一直没能深入地谈业务。有一天,那个负责人好不容易同意和小赵吃一顿工作餐，而那一天小赵恰好在区内很远的地方收账，眼看就差最后一家了，可约定的吃饭时间快到了，他没有因此推迟约定，而直奔那个大客户去，宁可下班后再重新回去收最后一家账款。而那位低级主管原本以为这次约会是随便一说，得知小赵如此守约，大为感动，认为这个业务员在小事上都如此认真，一定是个可以信赖的人，这样的人服务的公司是不会错的，产品就更不用说了。于是大力向其上司力荐，小赵因此和这个客户建立了长期、良好的业务关系。

❓ 思考 这个案例中的小赵的行为给你什么启示？

小赵的诚实守信是获得客户信任的一个重要原因，他信守承诺、说到做到，在客户面前树立了一个好形象，客户才和他建立长期、良好的业务关系。很多时候销售员获得成功交易，并不是因为自身的能力有多强，而是个人素质很好。客户对公司的信任来自于对员工的信任，有道是"良禽择木而栖"。因此，必须由内到外地注意自身的职业形象。

9.2.2 建立信任的目的

销售员要在与客户沟通中使客户情绪从不安进入稳定、舒适、坦然，以建立客户对我们的初步信任，最后，通过我们友善的态度和专业的服务意识来拉近与客户的距离。

无论身在何处，对陌生人保持一种警戒和不信任感是人与生俱来的本能。很多时候，客户并不了解我们所出售产品的功能，需要我们去解释，去让他们相信。但是，在给客户介绍或解释产品的时候，自己要先相信自己的产品是最好的，如果连自己都不信，就更没办法打消客户的疑虑了。

【案例9.2】 一位面膜公司的销售员向一家公司推销一款纯植物面膜，公司里的女职员纷纷对这位销售员进行询问，销售员一一作答，并且在几个女职员的手上做了试验，但是没有一个人表示购买。其中，有一个职员对销售员说："现在很多化妆品都说自己的产品是纯植物的，结果还不是添加了很多化学剂，用完了就有副作用。你说自己的面膜是纯植物的，谁知道你是不是在骗我们呢？"这个女职员的一番话，提醒了其他的人，她们也跟着说："是啊，是啊，谁知道你的面膜会不会对皮肤有伤害啊？"

销售员听到这些，马上拿出一瓶面膜，挤出一些放在嘴里吃起来，一边吃一边笑着说："我早说过了，绝对是纯植物的，如果不是纯植物，我怎么敢吃

◆◆ 客户沟通技巧

进肚子里呢？我不可能为了赚一点点销售业绩而不要命吧！"

这时，所有的女职员都相信销售员的面膜是纯植物的，纷纷向销售员购买。

❓思考 这个案例给你什么启示？

案例9.2中的销售员面对女职员的怀疑，大胆地吃下面膜以表示是纯植物的，用事实证明面膜的质量。这个案例说明，要想产品得到客户的信任，首先自身要相信产品是最好的。

在客户沟通的过程中，如果始终无法获得客户的信任，可以采用一些小道具来辅助，例如，展示产品的图片、生产许可证、获奖证书等来帮助客户对产品进行直观的了解，建立对我们的初步信任。

专业的服务意识对于一个销售员来说是非常重要的一件事，客户会从销售行为细节中去判断我们是否专业、是否值得信任，我们可能因为某一个细节而瞬间打动客户，让客户做出最终决定，也可能因为某个细节而毁掉之前的一切努力。

【案例9.3】 保险销售员小李希望把一款理财类的保险产品推荐给王老板。两人经常来往，双方的关系也越来越融洽，王老板有什么应酬也会叫上小李陪同。虽然关系很好，但王老板就是不买保险。

一天上午，小李从吴总那里办完保险业务后，就又去拜访王老板了。

"小李，你拿的是谁的保单？给我看一下。"

"不行，这是客户的资料，我要保密。"

"咱俩是什么关系，我只是看一下，我又不会告诉别人。"

"那也不行，必须保密的。"

"你让我看一下，我就考虑从你这里买份保险，怎么样？"

"不行啊，这是规定。"

当日不欢而散。第二天，王老板给小李打来电话，表示要办一份价值20万元的理财型保险产品。到此，小李才恍然大悟，原来昨天上午，他才真正获得了王老板的信任。

❓思考 这个案例中的小李是如何获得王老板的信任的？

案例9.3中的小李在王老板面前坚持为客户保密的原则，并没有因为王老板是他要争取的客户而违背原则。王老板因此觉得小李非常专业且有职业操守，值得信任。而且为客户始终坚守秘密的销售员，是最受客户欢迎的。

9.3 如何与客户建立长期信任关系

9.3.1 建立信任的具体内容和技巧

信任在销售中是非常重要的，只有让客户建立了对销售人员的信任，才能获得一笔又一笔成功的交易。

信任的建立包括：建立客户对产品的信任；建立客户对公司的信任；建立客户对品牌的信任；建立客户对营销人员专业度的信任；建立销售人员对客户的信任。

那么，如何与客户建立长期信任关系呢？

1. 通过细节和客户建立信任关系

（1）目光交流。在与客户沟通的过程中，要注意目光交流，不要让客户有一种被忽略的感觉。

（2）微笑。在与客户沟通的过程中，时时保持真诚的微笑，用微笑去感染客户，有利于客户放松心情。

（3）招呼。在客户进店后，用柔和的声音打招呼。如"您好！欢迎您到我们×××店来。"让客户倍感亲切。

（4）等待。在客户思考时，需要静静等候，但目光依然要关注客户的一举一动，避免走神而忽略客户。

2. 坦然面对客户的怀疑和拒绝

几乎每一次成功的成交都是来自于客户的怀疑和拒绝，客户怀疑、抱怨、拒绝等都暴露了客户内心的想法。对于客户的抱怨，如果能够放下不悦感，认真聆听客户所说的话，区分客户异议的真假，从客户的话中找到突破口，然后处理异议，缩短成交的时间。

3. 有技巧地处理客户的异议

（1）询问探由法。通过询问可以进一步了解客户，获得更多的客户信息；通过询问能使我们有制订下一步销售策略的时间，还可以变被动为主动，从听客户申诉、拒绝转为与客户共同探讨问题。

（2）补偿法。补偿法就是让客户认识到产品虽然有一定的缺陷，但也因为自身所拥有的独特优势，从总体来说是瑕不掩瑜的。但是，提出产品与成交条件有关的优点要及时，并且确保这些优点要对客户有足够的吸引力，才能有效地补偿客户提出的异议。

（3）问题引导法。指在客户提出异议时，针对客户异议直接提出问题，

◆◆ 客户沟通技巧

引导客户在回答问题的过程中，解决其所提出的异议，并使其对我们的观点表示认同。但是，不要玩逻辑游戏，以免引起客户反感。

（4）直接反驳法。指根据事实直接否定客户异议的方法。当客户对我们的产品、服务、诚信等有所怀疑时，我们可以给出一个简单明了、不容置疑的解答，增强销售面谈的说服能力，以增强客户对我们的信心。但是，必须用事实说话，而且在用词方面要特别注意，否则会弄巧成拙。

（5）委婉处理法。在客户坚持自己的看法和意见时，心平气和地进行解释，避免冲突，赢得客户的好感。秉承"客户是上帝"的理念，面对强硬的客户，绝对不能鸡蛋碰石头，要以柔克刚。懂得让步才能赢得更多的信任。

9.3.2 建立信任的阶段

【案例9.4】 一天下午，一位男客户从侧门进来看钻石，不到两分钟就买了一款售价为1585元的女装戒指。当时，销售员还没反应过来，客人说："我之前在这里看过的，打算结婚纪念日买来送给太太的，也在其他地方看过，但他们都没有你们介绍的这么清楚，经过你们的介绍我才知道买钻石要考虑这么多东西，我相信你们。"听完这句话，在场的销售员都很感动。虽然我们都不知道当时是谁招呼这位先生的，但有一样东西可以肯定的是：我们都是专业的。

思考 这个案例中的销售员为什么会非常顺利和成功？

案例9.4说明，当客户还属于潜在客户的时候，我们就以专业的服务和友好的态度来赢得客户的信任，客户会在货比三家之后决定选择我们。

用最真挚的心对待客户，用最专业的态度来服务客户，才能获得客户由衷的信任。

从接触产品开始到成交之后，按对销售的信任程度可将客户分为七类，即探寻者、初次客户、回头客、老主顾、热心客户、流失客户。

要取得客户的信任，首先要了解客户信任度的划分，即让客户的采购角色喜欢你（浅度信任），让客户的采购角色相信你（中度信任），让客户的采购角色离不开你（深度信任），组织间谁都离不开谁（终极信任）。

1. 浅度信任

"见人说人话，见鬼说鬼话"，即让各种类型的客户都喜欢你，根据客户类型具体情况具体分析，投其所好，受到客户的青睐，这种能力就是销售中的

❾ 获得客户信任

"迎合力"。美国老牌培训公司 Wilson Learning 曾经做过一个统计，能得到客户喜欢与得不到客户喜欢，销售业绩相差 25%，而这个差距在中国恐怕会更大。

要想获得客户的信任，就要了解能够让客户信任的两种方式：影响方式和表达方式。①影响方式，即客户使别人接受自己的观点所采取的方式。而客户影响你的方式，往往也是他接受影响的方式。通常有两种：征询和命令。即使是同一种，强度也有不同。②表达方式，即客户抒发感情的方式。你必须知道什么事情能影响他们的情感，才能把握到他们的好恶，对症下药。表达方式也有两极：任务导向和人际导向。

2. 中度信任

即让客户相信你。迎合力只能解决让客户喜欢你的问题，而销售的最终目的是让客户成交。因此，喜欢是远远不够的，第二步还得让客户相信你的能力、人品、责任心。要在短的时间内在客户面前建立起信任，要依靠以下几点：

（1）专业形象。有人说，客户在与销售人员见面的前 30 秒就决定买不买你的东西了。事实上是，销售人员给客户的第一印象是至关重要的。客户要掏钱给你，当然要买个放心，而专业形象是客户放心与否的最直接证据。

（2）专业能力。销售的行业里，专业能力很重要。这也许是让客户建立信任最快的手段了。所谓专业能力是指经验、阅历、对问题的理解和问题解决能力等。但最核心的要素是可以站在客户的角度看问题。只有站在客户的角度去理解，为其提供切实有效的解决方法，客户才会觉得你是值得信任的人。

（3）共通点。这里说的共通点有三层意思：

第一，共同的爱好。与客户拥有共同的爱好，有利于双方的沟通。没有共同的爱好怎么办？那就培养吧。客户喜欢旅游，你就跟着背个包去旅游；客户喜欢葡萄酒，你就学习一下葡萄酒的相关知识。

第二，共同的观点。与客户有共同的观点，例如，价值观、人生观、世界观。在沟通中能够找到更多的共同语言。当然，还有职业观、生活观、艺术观等。在找不到共同的观点时还是以客户的为准。

第三，共同的朋友。客户很容易把对介绍人的信任直接转嫁到你身上来。如果你的朋友是个专家，客户通常不会认为你是个白丁。

（4）诚意。要与客户建立信任，首先要真诚地对待客户。当你关心客户的切身利益时，客户会开始对你表示信任。当你只关心自己的利益时，客户会慢慢地远离你。

表现出诚意，这里不是指销售技巧问题，而是销售思维问题，也就是说你必须时时刻刻具有双赢的思维，时时刻刻为客户着想，并通过为客户谋利益而获得自己的利益。

3. 深度信任

即让客户的采购角色离不开你。而要得到客户的深度信任，可以建立利益绑定关系。在B2B的销售里，利益包含两层意思：组织利益和个人利益。

说到个人利益，很奇怪的是，在中国文化中，个人利益是羞于启齿的，甚至是卑鄙的。我们更愿意提倡大公无私、毫不利己、勇于牺牲等精神。

组织利益和个人利益两者并不是矛盾和对立的，更不是非要消灭其中一个另一个才能存在；相反，个人利益是构成组织利益和高尚行为的基石。只有承认个人利益、获得个人利益，高尚的行为才会真正存在。

这一点在销售中体现得尤为明显。销售中的个人利益是连接人与人之间关系最重要的纽带。

满足个人利益是建立客户关系和客户信任的利器。在一次采购中每个参与采购的客户角色可能都会有不同的个人利益，需要销售人员不断地探索和发现。

4. 终极信任

即谁也离不开谁，双方都在一条船上，都在努力维持船的平衡，也叫战略协作。

终极信任和前面所讲三种信任有原则上的不同，前面都是销售人员与客户采购角色之间的关系，是讲个体之间的信任。而这里讲的是组织与组织之间的关系，是个宏大的主题，叫作客户经营。相关内容我们会在下一节专门予以介绍，此处不再赘述。

9.3.3 如何经营你的客户

客户经营是件长期的事情，要看一下客户的战略、组织、人员是否与自己相切合，还需要考虑以下几个问题：选择理想客户、搜集与分析客户资料、明确合作、计划的制订与实施。

1. 选择理想客户

判断是否是理想客户，主要看客户能不能和你的利益挂钩。比如，他们未来要建立分销体系，你在分销领域能给他们提供怎样的支持。

2. 搜集与分析客户资料

搜集客户资料，一般是在交易发生前两到三年就要着手准备，这其中包括资源投入的问题。

客户资料包括两个方面：①客户战略发展的资料。比如，客户这两年会接一个建筑工程，这时就需要建筑材料。②客户自身业务发展的资料。比如，客户要进军海外，未来市场占有率要提高15%等。

搜集完了就要分析，不是简单地分析客户，而是分析自己这一方和客户方之间的互动关系，包括：客户的发展趋势与你的产品之间的关系；客户的产业机会给你带来的机会在哪里；相对于这个客户，你的优势和劣势是什么。这里的优势和劣势是客户认为的，不是你自己认定的。

3. 明确合作目标

很多销售员都说他们是为客户提供全面解决方案的，但是这种话客户是不会相信的。如果你把所有问题都解决了，客户去干吗？因此，作为销售方，对于合作必须明确下面三个问题：

(1) 你可以卖给客户什么东西。不是卖给客户不需要的，而是卖给客户所需要的东西。

(2) 你要明确卖给这家客户哪个部门甚至哪个人。因为不是卖给一个公司而往往是卖给公司的一个部门，预算也在这个部门，哪怕是全公司应用的东西。比如ERP，虽然是全公司应用，但是由具体的部门和具体的人来采购。

(3) 你对这家客户有哪些贡献。不是指你对自己有什么贡献，而是指你对这家客户有什么贡献。这并不是件容易的事情，你提供产品，未必就有一个"自然而然"的贡献，这个贡献必须是客户认为和认可的，而不是你想像的。

合作目标的确定必须经过客户认同。比如，下半年客户要建设一座游乐园，客户必须知道你的产品确实能帮助他发挥优势，促成成交。

4. 计划的制订与实施

计划的制订与实施，分为投资、策略制定、策略执行三个方面：①投资，即指明确在这个客户身上准备做什么事情，比如开展技术研讨会、请他们的相关管理人员参加培训等。②策略制定，包括确定你的销售目标、资源的调动计划、收入目标等。③策略执行，利用好自身优势或关键的关系，在提升服务方面、处理客户业务问题时积极采取措施；明确采用什么样的销售和营销方式来获得额外的销售机会等执行策略。

客户经营是一件复杂的事情，需要整个销售组织的投入，其过程埋线千里而且旷日持久。因此，很多公司不太愿意进行长期的客户经营，而更愿意抓住机会去拓展销售市场。但是，如果公司下定决心做好客户经营，能真正做到和客户打成一片，即可达到不战而屈人之兵的效果。

9.3.4 获得信任

销售人员要懂得把潜在客户转化为初次客户，明确获得客户信任的最大障碍不是价格、不是竞争、不是客户的抗拒,而是业务人员自身的缺陷。因为客户会通过与业务员的交谈,以及对环境和业务员的言行举止的观察来判断自己是否应该做出购买决定。

面对知名度不高的产品,尤其是高价产品,客户常常怀有戒备之心,力求从各个角度证实自己的购买会物有所值,因此业务员只有赢得客户的信任,才可能促进客户购买。

获得客户信任的六大障碍包括心态障碍、知识障碍、心理障碍、技巧障碍、环境障碍、习惯障碍。

(1) 心态障碍,主要是指对销售职业及客户服务的认知不正确。

表现:轻视销售职业,认为销售职业地位不高,从事该行业实属无奈,感觉很委屈,总是不能满怀热情地面对客户,因此也无法调动起客户的购买热情。

克服方法:正确认识自己和销售职业,为自己树立正确的人生目标和明确的职业生涯发展规划。销售是一种富有挑战性的职业,需要不断地为自己树立目标,并通过努力不断地实现目标,从中获得成就感;销售是一种需要广泛知识的职业,只有具备丰富的产品知识、销售专业知识、社会知识等,才能准确把握市场脉搏。

(2) 知识障碍,是指缺乏对产品相关知识和关键专业环节的学习掌握,往往会失去客户的信任。

表现:产品知识是客户谈判的基础,在与客户的沟通中,客户很可能会提及一些专业问题或深度的相关服务问题。如果销售员不能给予恰当的答复,甚至一问三不知,无疑是给客户的购买热情浇冷水。

克服方法:接受培训和自我学习,不懂就问,在学习中把握关键环节,切勿对客户说"不知道",确实不知道的情况下要告诉客户向专家请教后再给予回复。

(3) 心理障碍,是指面对客户疑问或刁难而害怕,对会发生不好结果的担忧、惧怕或不愿采取行动,从而丧失机会。胆怯、怕被拒绝是销售员常见的心理障碍。

表现:不知道如何与客户沟通;担心不被客户接纳。销售的成功在于缩短与客户的距离,通过建立良好的关系消除客户的疑虑。如果不能与客户主动沟通,势必丧失成功销售的机会。

克服方法:增强自信,自我激励。试着换个角度考虑问题:销售的目的是自我价值的实现,基础是满足客户需要、为客户带来利益和价值。克服怕被拒绝心理,如果客户确实不需要,当然有拒绝的权利;如果客户需要却不愿购买,也可利用这个机会了解客户不买的原因,这是对日后销售很有价值的信息。

(4) 技巧障碍,是指对销售流程不熟悉,对客户购买过程控制技巧的应用不熟练。

表现:产品介绍缺乏清晰的思路和方法,不能言及重点,无法把产品的利益点准确传达给客户;缺乏对客户心理和购买动机的正确判断,不能准确捕捉客户购买的信号,往往错失成交的良机;急功近利,缺乏客户管理手段,不能与有意向的客户建立良好的关系。

克服方法:充分了解客户需求,寻找产品和品牌价值可以给客户带来的利益点;理清客户关心的利益点和沟通思路;多向同事和上级请教,了解客户成交的信号和应该采取的相应措施;学会时间管理,进行客户分类,将更多的时间投入更有成交可能的客户;如果不能准确把握客户的购买心理和动机,就将与客户的沟通过程告诉你的上级,请上级提供帮助。

(5) 环境障碍,是指无法专心地服务于客户,容易受周围的人或事影响。

表现:由于缺乏对销售职业的正确理解和认识,趋向于模仿其他同事的工作方式和作风,但不能汲取他人的长处和优点。销售员只有在工作中努力克服环境的影响,才能更好地融入团队,拉近与团队的距离,促进个人发展。

克服方法:辨别是非,尊重同事,以开放的心态建立良好的人际关系。以业绩突出的业务员为榜样,汲取他们的优点和经验。

(6) 习惯障碍,是指以往积累的不利于职业发展的行为习惯,若不加以注意或改正,会引起客户的反感,无法获得客户的信任。不良的习惯也是不能促成客户签单的重要原因之一。

表现:把在以前工作上的坏习惯不自觉地带到现在的工作中来。

克服方法:保持积极的态度,尊重客户,做好客户记录和客户分析,发现、总结和改变自己的不良习惯,使客户乐于与你沟通。与客户的沟通过程是客户进行品牌体验的关键环节,也是消费者情感体验的一部分。客户需要深层次了解产品情况,作为决策的依据。而业务员对产品的详细讲解和态度,对客户的决策有很大影响。销售人员的行为举止会影响客户对企业和品牌的认知,是产品销售和品牌展示的关键。

9.3.5 保持客户的信任

你不可能去和紧握着的拳头握手。——梅厄夫人

如何使对方松开紧握着的拳头,建立更深层次的信任关系呢?秘诀就是倾听。

倾听是销售中最重要的沟通技能。要赢得客户的信任,首先要让客户得到

◆◆ 客户沟通技巧

尊重，认真的倾听是最容易让客户感到尊重的一种方式，客户更倾向于信任那些尊重他们意见的人。

客户总是认为，那些认真倾听他们的人更清楚问题的症结所在，能更好地帮助他们。倾听得越认真，客户越信任你，然后得到的就越多。保持客户信任就是把初次客户转变为回头客，把回头客转变为老主顾。

【案例9.5】因为工作关系，我需要在2个月内分三次在香港停留。我每次都在同一家位于中环的著名酒店下榻，当我每次到前台结账时，前台服务生都会问我一个简单却很有见地的问题："您觉得有哪件事情我们还可以做得更好，以使您更加满意？"他们的智慧和技巧使我印象深刻。这家酒店关注客人结账离开时的面对面的机会，他们充分利用这个关键时刻去搜集信息，以帮助他们改善服务和传递价值。而一般的酒店是这样做的，前台会漫不经心地问："一切都好吗？"有的甚至连这都没有。

思考 这个案例给你什么启示？

案例9.5中的酒店，用诚恳的态度来要求客户给他们改进的建议，一切以客户为中心，让客户感到受重视和尊重，从而增加客户的忠诚度。细节决定成败，态度决定高度。当面对缺陷的时候，用真诚的态度去面对，去解决，客户会更加欣赏。相反，用狡辩、不在乎的态度来应对客户，将会流失一个客户或一些潜在客户。

倾听的关键是能提正确的问题。问正确的问题，有助于获取客户的反馈，并将之转换为我们的洞察力和动力，以利于逐步改变团队的工作方式，并能够培育客户对我们的信任，从而赢得更加牢固的忠诚。

除了像案例9.5中的酒店那样增加"结束时问题"这个环节，我们可以定期利用"客户评分"手段，它可以非常有效地反映客户的感受和需求，还可以帮助我们找出那些你所不知道的不满和抱怨。如我们可以通过用调查问卷的方式来获得客户对我们工作服务的满意度和信任度。

【案例9.6】

客户满意度调查表

亲爱的用户：

您好！感谢您对我们产品的支持和关爱，在您的支持和关爱下，我们的事业得以迅速发展。但我们深深感觉到我们仍有很多有待提高之处，更有许多您

❾ 获得客户信任

感到不满意的地方，为了以后更好地为您服务，请您协助填写"客户满意度调查表"，把您对本公司宝贵的建议和意见写给我们，以便我们及时发现并改进我们的不足，更好地为您提供满意的服务，我们不胜感激。谢谢！

您永远的朋友：××××产品有限公司

采购单位名称：＿＿＿＿＿＿＿＿＿＿

采购单位联系人：＿＿＿＿＿＿＿＿＿＿

采购单位联系方式：＿＿＿＿＿＿＿＿＿＿

请在您认为合适的"□"中画"√"

1. 您对××××产品有限公司的"服务质量"如何评价？
①很满意□　②比较满意□　③一般□　④不满意□　⑤很不满意□

2. 如果您感觉不满意，您知道××××产品有限公司的服务投诉电话（0757-××××-1122）吗？
①知道□　②不知道□

3. 为您服务的客户经理是×××，您对该客户经理的总体评价如何？
①优□　②良□　③中□　④差□

4. 您对××××产品有限公司工程人员施工如何评价？
①很满意□　②比较满意□　③一般□　④不满意□　④很不满意□

5. 具体到如下几个方面，您对该客户经理满意的方面是？
①沟通□　②语言表达□　③服务□　④解决问题□　⑤维护□
⑥责任心□　⑦配合□　⑧业务技能□　⑨其他（请注明）

6. 您对××××产品有限公司的"价格体系"如何评价？
①很高□　②比较高□　③一般□　④不高□　⑤很低□

7. 您对××××产品有限公司的"技术支持"如何评价？
①很满意□　②比较满意□　③一般□　④不满意□　⑤很不满意□

8. 您对××××产品有限公司的"售后服务"如何评价？
①很满意□　②比较满意□　③一般□　④不满意□　⑤很不满意□

9. 您对××××产品有限公司的"客户回访"如何评价？
①很满意□　②比较满意□　③一般□　④不满意□　⑤很不满意□

10. 如对××××产品有限公司还有其他方面的建议和意见，请您写在下面，谢谢！

通过像案例9.6中的问卷调查，可以得知我们在客户眼中的形象和工作服务中所需要改进的地方；根据客户所需改进，而不是盲目地改进，通过一个售

后的调查和调整，能够巩固客户对我们的忠诚度和信任度。

提问是手段，改进和提高是目的。所以在获得客户评分之后，我们还可以向客户征求一些关于我们工作服务改进的建议。比如，"我们再做些什么就可以得到5分呢？"通常这个问题可以帮助我们了解客户的不满，以及未被满足的需求和有建设性的意见。这些信息都能够帮助我们与客户建立更好的信任关系。

不断向客户传递"请您说，我们听，我们做"等信息，是保持信任最有效的方法之一。

9.3.6 升华客户的信任

【案例9.7】 1955年，李嘉诚的长江塑胶厂开业已有5年，但一直没有能快速地发展。一天一个老主顾突然取消了一个很大的订单，而这个订单已经完成，即将付运，取消后会给李嘉诚带来相当大的损失。但李先生并没有像一般的做法那样去追究客户的责任，他对那位客人说："这批货不愁卖，这次的损失就不向贵公司索赔了，日后若有什么生意，我们还可以建立更好的关系。"后来李先生几乎已经忘了这件事。几个月后工厂转产塑胶花，他突然接到一个陌生外商的订单，数额庞大，而且一订就是六个月的货。经仔细打听，原来是那个取消订单的老主顾在积极地向外商推荐，甚至说"这是香港最大的塑胶花厂，你只要把订单交给李先生就可以完全放心了！"李先生笑说："我们当时根本不是什么大厂，但是这个客户为了帮我，把好话都说尽了。"对这件事情，李嘉诚感慨良多："这件事情说明一个道理，一件看来是吃亏的事，往往变成有利。"这个客户所带来的后续订单，真正巩固了长江塑胶厂的基础。

思考 这个案例给你什么启示？

案例9.7印证了"滴水之恩，必将涌泉相报"这句古话。同样，给客户一些恩惠，只要没有动摇到自身的基础，也可以升华客户对自身的信任。口碑可以这样建立，声誉也可以这样建立。

能够与客户无话不谈，能够与客户成为朋友，才是立足的最大资本。用真诚的心，视每一次接待、服务的客户为朋友。客户一旦把你当作他的朋友，是会为你的业务带来很多好处的。一个成功的人，不仅需要过人的智慧、高人一筹的手腕、独到的用人方法、超人的魄力，更加需要庞大的人脉网络、长远的眼光和积极的心态。因此，想要达成交易或者想要得到更多的交易，不妨先和客户成为朋友。

❾ 获得客户信任

"好酒不怕巷子深",这句话隐含着一个非常有用的促销产品和服务的手段——口碑效应,而且这是一种不需要高成本但又有显著成效的方法。

很多人都会认为:亲朋好友是不会向自己推荐劣质产品的。在各种平面媒体的商业广告泛滥的今天,很多人都已经学会无动于衷。但是,一旦听到某位朋友或亲人推荐某个产品或者某项服务的时候,不仅会感兴趣,而且多半会有购买冲动。

9.3.7 重新获得信任

我们的财富在客户那里,而且大部分财富是在老客户那里。想要把握住手中的财富,就要和客户建立永久的合作关系。成功的销售员不仅要发展新客户,而且还要维护好现有的客户。

但是,现在大部分公司平均每年流失 20%~40% 的老客户。如果失去了老客户的信任,就会失去了大部分的人脉关系,这时候就需要重新赢得信任——重新赢回流失的客户。

客户无论在什么时候、什么地方,都是一个不稳定的群体,可能会因为不及时回电话、没有按要求发送资料等小事而失去对你的信任。

面对客户的流失,我们可以总结出几种情况:

(1)粗鲁、漠不关心的对待方式或者会面时准备不充分,这些都会让客户感到不受重视。

(2)销售员没有抉择权,并一直在强调需要和上级汇报,加上不清楚谁是这个项目的负责人,这样会失去在客户心目中的价值和信任感。

(3)在会谈的过程中,没有说到重点或者是说话方式凌乱,浪费客户时间。

(4)隐瞒产品或服务的注意事项、省钱的选择或者其他更适合客户的产品,是不尊重客户知道产品细节的权利的表现。

(5)夸大产品或者服务,这样会直接摧毁客户对你的信任感。

(6)频繁改变交易的方式,会令客户觉得麻烦、反感甚至会质疑公司的品牌价值和诚信度。

(7)对客户许下一定的承诺但又履行不力,诚信度会大大下降,而且没有任何一个客户愿意和一个没有诚信的销售员合作。

(8)在交易之后,没有任何后续的服务,没有去确认一切是否就已经妥当,就仅仅认为交易完成。如果这样,你所想发展的长期客户可能因为一个疏忽而失去。

客户的流失,自身的服务态度是重要原因,而且要让客户离不开你,更重

◆◆ 客户沟通技巧

要的是在服务上远远超出你的竞争对手。这些服务不是一蹴而就的，而是在长年累月的日常工作中，一举一动、一点一滴的积累。以下是重新赢回流失客户的技巧与方法：

（1）组建一个多功能的群策群力工作组，详细地描绘客户使用或购买你的产品和服务时的流程图，找出所有的关键时刻（moment of true），然后逐个确认在这些关键时刻中，哪些是信任的建设因素，哪些则是破坏因素。

（2）为了能够采取有效的后续服务方法，就要关注好客户的需要，因为只有知道客户需要什么，才能更好地为他们服务。

（3）客户服务也是日常工作的一部分，做好这些日常工作，就可以有效的打消客户的顾虑并且优胜于竞争对手，而且当为客户或者潜在客户提供优良的服务和后续服务时，会得到相应的回报。

（4）要学会对客户负责到底，在交易完成之后，可以用电话联系、上门拜访客户、写感谢信等方法与客户沟通，让客户真真切切感受到你的服务。

（5）在每一期新的产品信息出来之后，给客户或者潜在客户定期发送，只要客户没有明确拒绝，就坚持发送。而且，还要在后续服务中让客户知道你对他们的感谢，真诚地关心和问候，是可以让客户留下深刻印象的。

（6）建立一个好的反馈系统，因为对于产品或者服务的不足，客户的反馈是最直接的，如果反馈系统不健全，就没有办法将不足反映到公司的高层管理人员，也就没有办法将产品或者服务中的不足改正。

许多信任的机会早就存在于你的团队内部，它们只是在静静地等待着你去发现。和你的团队一起制订一个目标明确的执行计划，认真地实施它，你会觉得这是一项非常值得的投资。

信任是人与人之间沟通的基础，而建立客户对你的信任也要建立在你信任客户的基础上。如果一个客户不值得你信任，那么你还会在意他是否信任你吗？

➡ 延伸阅读

TPOAF 着装战术[*]

据调查，人的外在表现力 90% 由服饰来显示，80% 的人是以貌取人的。由此看来，良好的"第一印象"首先应该从着装修饰开始。不了解销售行业特点的人总是把"雪白的衬衣，配上笔挺的裤子，外加一条系得整整齐齐的

---

[*] 引自肖建中：《销售人员十项全能训练》，北京大学出版社 2005 年版，第 33—38 页。

❾ 获得客户信任

领带"这样一身体面的装扮，看作所有销售人员的着装策略。事实上，这种想法已经过时了，销售人员应该根据商品的特点、推销的场合、客户的特点、自身的条件等因素随时变换自己的着装。这也就是我们所说的TPOAF着装战术。

服装穿着的第一原则是时间原则，即着装要随时间变化而变化。这里的时间主要包括三方面的内容：白天与晚上、季节更替、潮流更变。

1. 白天与晚上

销售人员如果在白天与刚结识不久的客户会面，一般要穿比较正式的服装，这样能显示自己的专业水准。而晚上、周末或休闲时间与客户会面，则可以穿得休闲些。因为工作之余客户会放松自己，这时如果你穿得太正式，就会给客户留下刻板的印象。

2. 季节更替

每年有春夏秋冬之分，每个季节都应该有适合该季节特点的服装。冬天穿得太薄，夏天穿得太厚都是不合时宜的。因此，着装时要选择与气候相适宜的服装。

3. 潮流变更

着装除了随时段和季节而变化外，还应该顺应时代的潮流。比如，"萝卜裤"曾经在20世纪80年代初风靡神州大地，但如果现在还有男性销售人员穿这样的裤子接待客户的话，就会让人觉得很滑稽。

关于着装的地点原则，我们先看一则案例。

【案例9.8】 一次，从事汽车零件批发的Y公司在推销会议上向推销员们提问："在一个企业，拥有购买决定权的主要是谁？"

"当然是老板，老板本人是压倒一切的。"

"你们的推销对象中，是不是有许多修理厂？"

"是的，有很多小修理厂。"

"这些老板恐怕都是街道工厂、小企业的经营者吧。他们平时穿的是不是西服？"

"不是，几乎都是工作服。他们也是第一线的指挥者呀。"

"工作服？即使是在较大规模的工厂，穿的也都是那种上下连在一起的工作服吧？"

"是的，是这样。"

◆◆ **客户沟通技巧**

三天后,该公司做出了这样一个决定:"Y 公司推销员的推销对象中,99% 都是小企业、街道工厂的经理,他们往往身穿蓝色工作服在第一线指挥生产。因此,今后 Y 公司推销员的标准服装应为蓝色服装。"

事实证明,该企业的做法是非常明智的。蓝色服装大大增进了推销员与买主之间的认同感和亲切感,该公司的业绩也因此得到显著提高。

地点原则,即着装要入乡随俗、因地制宜。这样有助于引起客户对你的好感与共鸣,乐意与你交谈,增加彼此的认同感和亲切感,这是着装的最根本目的与准则。

场合原则,即着装要随场合变化而变化,有的是出于礼仪的需要,有的是为了气氛的协调。试想一下,如果一位女士穿着高跟鞋,窄身裙搭乘飞机,将会发现自己面临诸多不便。同样地,如果着轻便装去出席正式晚宴,不但是对宴会的不尊重,同时也会令自己感到尴尬。

一般来说,着装的场合可以分为正式场合、非正式场合和半正式场合。

1. 正式场合的着装

出席正式场合,例如宴会、正式见面、招待会、婚丧礼、晚间的社交活动等,男士必须穿深色西服和白色衬衫,配上有规则花纹或图案的领带,颜色对比不宜太强烈。女士可以穿职业套装或晚礼服。

2. 非正式场合的着装

在非正式场合,例如旅游、访友等,穿着可以随便些,可选择色调明朗、式样华美的西服;衬衫可任意搭配,也可穿 T 恤衫;领带可自由搭配,但切忌使用鲜红色和朱红色领带。

3. 半正式场合的着装

半正式场合,例如上班、午宴、一般性访问、高级会议和白天举行的较隆重的活动,可以穿中等色、浅色或较明亮的深色西服,衬衫颜色要与西服相协调,领带要求配有规则花纹或图案,或者素雅一些。

着装的年龄原则体现在着装应符合自身的年龄特征上,如案例 9.9 所示。

【**案例** 9.9】汤姆是一家煤油公司的推销员,今年只有 16 岁。为了照顾多病的母亲,维持家庭的生计,他不得不辍学当了一名推销员。

起初,汤姆像其他推销员一样,穿着西装,打着领带去推销。只是他的西装还是 20 年前父亲结婚时穿的旧西装,颜色已经泛白,而且十分宽大,穿在

❾ 获得客户信任

汤姆身上,就像个大布袋一样。汤姆的领带也是从隔壁邻居的垃圾箱里捡来的。

汤姆以这样的一身装扮去推销,他的工作业绩可想而知。

后来,汤姆的西装实在坏得不不能再穿了,于是他不得不拾起了上学时穿的学生装。虽然,学生装使汤姆看上去根本不像个推销员,而更像个初中生,但正是这样的装扮,使汤姆博得了客户的同情。凡是知道汤姆身世的客户,也都乐意从汤姆那购买煤油。

强扮老成、庄重未必会提高销售业绩。穿着关键要与自己的年龄相符,就像案例中的汤姆一样,说不一定一套清纯、干净的学生装也会给你带来好运气。

【**案例9.10**】玛丽是个年过半百的家庭主妇,在朋友的介绍下,她做了一种减肥药品的销售代理。

玛丽年轻时曾是个风姿绰约的女人,可是如今,无情的岁月不但夺走了她美丽的容颜,而且使她身体发胖,看想起像个贪吃而又懒惰的老太太。

起初,玛丽根本没有信心去向别人推销这种减肥药,因为她害怕别人嘲笑她:"自己这么胖,还来向我们推销。"玛丽总是尽量用瘦身衣紧紧地包裹住自己的身体,再穿上勒得紧紧的小连衣裙,小心翼翼地走到和她同龄的妇女面前,询问需不需要减肥药。虽然也有人从她那里购买,但这种效果显著的减肥药并没有给她带来相应的业绩。

后来,玛丽改变了策略,她穿上比自己体型更加肥大的衣服,并开始努力减肥。她在向别人推销时总是说:"看!这是我两个月前买的外套,我服了这种减肥药,它已经不再适合我了。"结果,很多人看到了玛丽的变化,都纷纷向她订购减肥药。

衣服最重要是合体。"衣如其人",合体的衣服,不但令自己感到舒服,也会令别人感到舒服。合体的衣服会让你看上去更加踏实、诚恳、值得信赖。

10 客户购买信号识别

"得时者昌,失时者亡。"

⑩ 客户购买信号识别

> 模拟购物体验

游戏说明：
学员到实体店体验购物的过程，并观察导购表情动作。

游戏目标：
让学员了解当客户发出购买的信号时，导购是怎么应对的。

指导方法：

(1) 游戏所需的材料：
◇ 模拟购物体验表。

(2) 游戏场地：
◇ 实体店。

(3) 游戏规则：
◇ 两个学员组成一组。
◇ 互相观察对方在购物时的表现。
◇ 记录对方的表现和导购的表现及行为。

【样表】

模拟购物活动记录表

时间		地点		珠宝店名称	
采购者甲			记录者乙		
模拟采购行动的总体描述					
甲的语言记录			甲的心理活动描述		
甲的动作记录			甲的心理活动描述		
甲的表情记录			甲的心理活动描述		

10.1 客户购买需求的判别

【案例 10.1】 小李是一家服装店的老板。

一天，张小姐走进服装店，左挑选，右试衣，一边试一边问小李哪件好看、哪件质量怎么样。而小李一直面带微笑地为张小姐解释并提出自己的见解。

最后张小姐拿着她最满意的一件衣服问小李价钱。

小李说："小姐，这件衣服是 150 元。"

张小姐："什么？这么贵？"

小李说："小姐，这件衣服也不贵了，你看这面料、这款式，值这个价了。"

张小姐："你这老板不是成心宰人嘛，太不实在了。这衣服哪值这个价，我不买了。"

小李觉得很委屈，接待了张小姐半天，结果被她说不实在，想了半天也没想出来为什么张小姐明明很满意这衣服，却硬是说这衣服不好的原因。

思考 这个案例中小李的失败之处在哪里？

案例 10.1 中小李没能够理解张小姐的意思，及时地把握住张小姐的真实意图来进行有效的销售，所以交易失败。

在多数情况下，客户不会主动表示购买。但如果他们有了购买欲望，通常会不自觉地流露出购买意图，而且会通过语言或行为表现出来。这种表现出来的其可能采取购买行动的信息，就是客户的购买信号。

有时候尽管购买信号并不必然会导致购买行为，但是你可以把购买信号的出现，当作促使购买达成的有利时机。客户自己往往不愿意承认自己已被销售员所说服，而是通过发出其他信号来暗示你可以成交，因此可以通过识别和确认客户的购买信号来达成交易，但需要有良好的判断力。

10.2 购买信号

购买信号是指客户已下决心与公司做生意的外在表现。

购买信号的表现形式非常复杂，客户在有意无意中流露出来的种种言行都有可能是购买信号。如果说成交是一种明示的行为，那么购买信号就是一种暗示的行为，暗示可以成交的行为。在实际的交易中，客户为了提出的交易条件能够更好地得到履行，往往不愿意首先提出成交意愿，即使心里很想成交，也不主动开口，或不愿意主动明确地提示。但是，客户的成交意向总是会通过各种形式表现出来，我们能够通过客户的言行、表情等获取，只要细心观察、及时捕捉客户的购买信号，就能够促成交易。

【案例10.2】 一位顾客急匆匆地跑进一家文具店，冲着售货员说："给我一瓶墨水，快点！"

售货员问："先生，请问您要哪一种墨水？用于钢笔的还是毛笔的？"

客户："钢笔的，快点！"

售货员："请问是要水墨性的还是油墨性的？"

客户："水墨性的！"

售货员："那请问要哪一种牌子呢？有珠江牌的，有文苑牌的，还有……"

"快点，随便一个都可以！"客户连忙打断售货员。

售货员："好的，就文苑牌吧，价格是25元。请问先生需要钢笔吗？可以搭配这个墨水使用，还需要点什么呢？"

"不好意思，我不买了。"客户非常懊恼地出去了。

售货员很疑惑，为什么那位先生突然转身就走了呢？

思考 这个案例中的客户为什么突然转身就走了？

案例10.2中的售货员不够灵活，偌大的一个成交信号摆在面前都没有抓住，如果一开始在客户说要一瓶墨水的时候，售货员马上给他，这便是一个顺利的交易。但是，售货员一直忽略客户的需求，只顾向客户推销更多的产品而失去了机会。随时发现成交信号、把握成交时机需要具备一定的判断知觉。

10.3 如何有效识别购买信号

要识别购买信号，我们必须把精力集中在客户身上。除非我们已经对自己的产品非常熟悉，否则我们会发现自己总是在注意自己该说什么，而没注意客户需要什么。

简单地说，购买信号就是客户用身体和声音表现满意的形式。也就是说，客户所说和所做的一切都在告诉我们，他已经做出了愿意购买的决定。当客户做出想要购买的信号时，我们要立刻抓住机会，果断地去试探、引导客户成交。

【案例10.3】在寒冷的冬天里，一位女士在面对礼服推销员时，仍旧穿着裸露的礼服在试衣镜前反复试看，足足折腾了15分钟，她走来走去的样子好像是在做时装表演，而且在她脱下礼服时，双手还在摸着礼服，眼睛里透露着渴望。

思考 这个案例给你什么启示？

案例10.3中的女士用表情信号和行为信号强烈地传递出想成交的意愿，在寒冷的冬天穿着轻薄的礼服试了15分钟，脱下来还露出依依不舍的表情。这些是购买的行为信号和表情信号。

10.3.1 购买信号的种类

购买信号可以分为语言信号、身体信号和表情信号。

当客户有意向购买产品时，通常情况下都会因为内心的一些疑虑或者不安而不能迅速做出成交的决定，这时销售员必须密切留意客户语言表达的意思，准确识别客户发出的语言信号。

1. 语言信号

（1）询问售后服务。客户会在适当的时候表现出对售后的关心，客户可能会这样问："你们的售后服务怎么样？""你们的产品保修几年？"通常这是比较明显的购买信号，促销员这时不能再介绍产品，而是回答客户的问题，告知客户售后的政策以让客户放心。

（2）讨价还价。它是最明显的购买信号之一，客户通常会问这样的问题："能不能再便宜一点？""再降点，现在都在优惠呢！"客户正在讨价还价并不一定表示会马上做购买决定，但这个明确信号的出现，就代表客户已经把你的产品纳入他的考虑范围之内。在这个时候，如果能够稍微的顺遂一下客户的心意，成交就手到擒来了。

（3）二次询价。一般客户在刚到柜台时，看到感兴趣的产品会马上询问价格，这通常是客户的一种习惯。客户可能会问："多少钱呢？""你刚才说的价格是多少？"在交易过程刚开始就问价，除了客户看起来特别急，否则肯定不是购买信号。但当客户在经过对产品充分了解并且和售货员交流后而第二次询问价格时，就可能是购买信号了。

（4）表达对产品的兴趣。有些客户在看到感兴趣的产品时，往往会征求随行的家人或朋友的意见，如果孤身一人，还可能会打电话给家人和朋友征求意见。例如，（做一定的思考状）"嗯……戴起来不错！"（转头向旁边同伴）"你觉得怎么样？"（询问随行同伴）这个时候，可以从谈话内容看出客户的购买诚意有多大。同时还伴有关心一些细微附加功能的询问："这表以后会不会掉颜色啊？""这个电池能用多久啊？"这种询问表示客户已经在心中开始接受产品，但是他担心产品有可能有什么地方不能满足自己的需求。

（5）表示友好。在交易过程中，客户开始对销售员表示关心，例如说："你对产品很熟悉啊！""你真是个不错的销售员。""你这样整天站着，很累吧？"站在销售的立场为销售员着想，代表客户认同了该产品，想要在友好的环境下完成交易，与销售员搞好关系也可以方便提出有利于己方的条件。

（6）维护你的产品。在交易过程中，客户如果开始认同了产品，已经决定想购买产品，那他就会把自己定位成你的朋友，会不自觉地维护你的产品，说一些关于产品的好话。例如，"我觉得这个产品比××牌子的好看多了。""这个屏幕好清晰啊，比我之前用的清晰多了，而且没那么贵。""我觉得这个产品性价比还不错。"

2．身体信号

购买的身体信号是指客户在行为举止上所表露出来的购买信号。当客户基本被你或他自己（可能是同伴）说服，准备下决心购买时，客户就从充满戒备、紧张的心理状态转换为认同、松弛的状态，同时伴随有身体语言的表达。这个时候，销售员可以观察一下客户的行为举止。

（1）点头认同。客户一边研究产品，一边听销售员讲解，对于销售员的讲解，客户没有反驳，反而在点头，就证明客户已经接受销售员的说法了。比如，客户看着所试戴的手表轻微的点头。

（2）对产品恋恋不舍。客户抚摸着产品，全神贯注地研究它，同伴说："再到别的柜台看看吧。"客户却不愿意走，一直说："再看看，再看看。"

（3）若有所思。客户可能站在柜台前或坐在椅子上，盯着产品，做思考状。这时，在客户的脑海里一般都是在进行同类产品比较、购买产品的安置和使用等问题的思考。

（4）和谐的沉默。当交谈出现和谐的沉默时，销售员感到所有需要交代的事项都已顺利地和盘托出，而客户已问完了所有他关心的问题，并得到了满意的答复。销售员面带微笑地看着客户，客户则表情自然地看着产品，这时双方就像一对棋手，正坐在桌前思考着下一步行动。这正是促成购买决定的好时机。

（5）突然变得轻松起来。销售与客户前期的交流过程，仿佛是一场针锋相对的战斗，但当客户准备购买时，客户放弃了对抗，从对抗者变成朋友，因为朋友在一起相处时是非常放松的，从身体语言就能体会出这一点。

（6）其他身体语言。①由静变动。例如，原先客户安静地听着销售员的讲解，但是随后一边端详产品一边听销售员讲解，或者动手操作产品，等等。

◆◆ 客户沟通技巧

②动作由紧张到放松。当客户抚摸下巴，以友善的表情和姿态从椅子上前倾上身、舒展身体、清咳调整嗓音或者突然放开交叉抱在胸前的手（双手交叉抱在胸前表示否定）时，两人之间的沟通障碍即告消除。③客户的一些找笔、摸口袋找东西、靠近订货单或者直接拿起订货单研究等行为，都是很明显的购买信号。

3. 表情信号

表情信号是指客户在销售讲解过程中，其表情或眼神发生的变化而释放出的成交信号。这是一种无声的语言，它能够表现客户的心情与感受，其表情形式微妙，具有迷惑性。虽然人的面部表情不像语言和行为那么容易判别，但还是可以通过反复观察、仔细判别读出客户的购买信号。

（1）眼神的微妙变化。眼睛是心灵的窗户，可以从眼神中读出客户的心里在想什么。我们可以通过观察客户的眼睛，从客户眼神的微妙变化来洞察先机。例如，客户的眼睛长时间在产品上逗留，眼睛放光，眼神充满渴望；眼睛转动由慢变快，神采奕奕，腮部放松。

（2）表情的变化。当客户把紧皱的眉头舒展开来，从咬牙托腮的凝重表情转为放松、微笑，看起来亲切、友好的样子时，也即意味着客户在向销售员传递成交的意向。例如，客户露出兴奋的神情，盯着商品思考；客户紧锁的双眉分开，眼角舒展，面部露出友善的表情或自然的微笑。

【案例10.4】小徐向客户推销一个产品。刚开始时，小徐发现客户一直紧锁着眉头，而且不时地针对产品的质量和服务提出一些反对意见。小徐对于客户提出的问题一一给予耐心细致的回答，同时针对市场上同类产品的一些不足，突出强调这个产品的竞争优势。尤其针对客户特别关心的售后服务问题做了许多详细的介绍。

在小徐向客户一一说明介绍时，小徐发现客户对他的推荐不再漠不关心，客户的眼睛似乎在闪闪发光，小徐觉得客户心里接受了这个产品，于是便向客户提出了成交的请求，并且递上了合同，客户很爽快地签了合同。

❓ **思考** 这个案例给你什么启示？

案例10.4告诉我们，随时关注客户的表情是很有必要的，一旦客户通过表情透露出成交的信号，销售员就要及时、大胆地做出回应，提出成交请求。

但是，有些客户可能会故意流露出与真实想法不一样的表情，此时就需要结合客户的语言信号和身体信号来仔细辨别了。

⑩ 客户购买信号识别

当出现以上任何情形时，可以尝试建议客户购买。密切注意客户所说的和所做的一切，及时采取行动，在销售进行到适当的时候，看到了购买信号就应该立刻向客户提出成交的请求。

当然，不是对每次的购买信号都能够把握得恰如其分。在实际销售工作中，所得到的否定的回答可能要远远多于肯定的回答，这是可以理解的。在来你的柜台的客户中，购买了产品的客户往往只占很小的比例。如果你的建议得不到客户的回应，那结果将是得到新的意见，这时需要接着处理异议。

【案例 10.5】小赵是某家培训公司的销售人员，有一次他跟一位客户谈了好长时间，但始终没有签下订单。很多人都以为小赵失败了。

但是，令人意想不到的是，那位客户主动打电话到培训公司提出要培训的要求。这非常令人费解，为什么客户不跟天天和他见面的小赵签合同，偏偏自己打电话到公司提出要求呢？

后来，该培训公司的经理在和客户闲谈的时候提到这个问题。客户哈哈大笑："小赵是个很不错的小伙子啊，讲得非常好，要不是他，我也不会来找你。问题是，不是我不跟他签单，而是他不来和我签单。我已经数次表示了要签合同的意向，可是他就是没有反应过来。你想想，我已经了解得差不多了，他不和我签单反而还在继续讲解，我能不烦吗？所以才这样啊，当然了，也算是跟他开个玩笑。"

? 思考 这个案例给你什么启示？

案例 10.5 中的小赵没有敏锐的"嗅觉"，没有察觉到客户所表达的意向，差点失去了一桩生意。销售员必须不断地捕捉"促成购买决定"的信号，否则就可能错过机会，并导致销售失败。但是，有很多销售员只善于说而不善于聆听，不善于使交谈的主题始终紧扣着销售。如果客户已做好了购买准备，销售人员就应立即停止谈话，开始办理成交手续。

➡ 延伸阅读

二八定律

二八定律又名帕累托定律，也叫巴莱多定律、80/20 定律、最省力的法则、不平衡原则等，是 19 世纪末 20 世纪初意大利经济学家帕累托发明的。他认为，在任何一组东西中，最重要的只占其中一小部分，约 20%，其余 80%

的尽管是多数，却是次要的，因此又称二八法则。

管理学范畴有一个著名的80/20定律。该定律指出，通常一个企业80%的利润来自它20%的项目；这个80/20定律被一再推而广之——经济学家说，20%的人手里掌握着80%的财富。有这样两种人，第一种占了80%，拥有20%的财富；第二种只占20%，却掌握80%的财富。为什么呢？原来，第一种人每天只会盯着老板的口袋。打工者不会思考，他们希望做到事事都了解，广而不精，而且专注蝇头小利，而老板一百分的事会用两百分的力去做，同时不断充电，不让自己落伍。

心理学家说，20%的人身上集中了人类80%的智慧，他们一出生就鹤立鸡群。其实这句话无法评判，世上没有所谓的天才，为什么他们充满智慧，不仅仅是因为他们与众人不同的生活环境和经历，而且他们有着很强的学习能力、操作能力和反思能力。要成功，唯一的方法是立刻行动。

日常生活中的"二八法则"：人们每天花80%的精力只能有20%的成就和结果。这样其实很容易理解，每个人不可能每时每刻效率都很高，况且我们每天做的事很多都是无关紧要或者说对我们没有帮助的，只有20%是重要且有意义的。

营销二八法则：企业80%的利润来自20%的项目；80%的利润来自最忠诚的20%的客户；80%的销售额来自于20%最优秀的营销人员。

社会学二八法则：社会约80%的财富集中在20%的人手里，而80%的人只拥有20%的财富。

股市二八法则：股市中有80%的投资者只想着怎样赚钱，仅有20%的投资者考虑赔钱时的应变策略；但结果是只有20%的投资者能长期盈利，80%的投资者常常亏钱。

管理二八法则：企业主要抓好20%的骨干力量的管理，再以20%的少数带动80%的多数员工，以提高企业效率。

根据上述介绍，在销售中，在你推销的市场上，真正能够成为你的客户、接受你推销的人只有20%，但这些人却会影响其他80%的客户。因此，你要花80%经历来找到这20%的客户。如果能够做到，就意味着成功。因为80%的业绩来自这20%的老客户，也是最好的客户。

众所周知，推销是从被客户拒绝开始的。在你的推销实践中，80%将是失败，20%是成功。在刚刚加入推销员这一行列的人当中，将有80%的人因四处碰壁畏难而退，留下来的20%的人将成为推销界的精英。这20%的人，将为他们的企业带来80%的利益。二八定律存在于销售的各个环节中，因此销售员应真正领悟如何选择与放弃。

⑪ 促进成交技巧

"他山之石，可以攻玉。"

⑪ 促进成交技巧

➡ 体验交易游戏

游戏说明：
让学员重演案例，通过案例思考如何进行客户沟通。

游戏目的：
让学员体验到如何跟客户沟通促成成交。

指导方法：

（1）游戏场地：
✧ 教室或者培训室。

（2）游戏规则：
✧ 找4个学员上来演示。
✧ 2个学员演示成功案例，2个学员演示失败案例。

引导成交成功案例（请两位学员现场演示）

有位年轻的太太，为参加大学同学的聚会特意来购物广场选购衣服。销售员面带微笑、主动地迎过去。以下是当时谈话的内容。

客户："哪一件会适合我？"

销售员："每一件都很漂亮！不过，关键是您在什么时候穿？"

客户："我想穿去参加大学同学的聚会"。

销售员："哇！太好了，在哪里举办呢？"

客户："在一家酒店宴会厅。"

销售员："我想，那场面一定很热闹吧。如果是这样的话——我建议您不妨试试这件，它的颜色和款式都很适合您的气质，在人多的场合感觉亮眼！"

客户："那就试试这件吧！"

销售员："请您注意您随身携带的物品。"

（客户试完衣服站在穿衣镜前）

销售员："真漂亮！您真有眼光。这是我店刚到的新货，每款都只有几件。这个品牌的特点是：色彩鲜亮、款式独特，每件都是经过精心制作的。"

客户："就是价格高了点。"

销售员："与同类品牌相比，它的价格是不高的。像您参加同学聚会这样的大场合，一定要有一件令人注目的衣服，才能突出您的与众不同。"

客户面对着镜子沉思（想像着自己穿着这件衣服出席在同学聚会的场面）。

客户："我可以试试另外一种颜色吗？"

◆◆ 客户沟通技巧

  销售员:"当然可以,请您稍等!"
  客户穿着另一种颜色的衣服在镜子前自言自语地说:"还是米色更适和我。"(同时眼睛朝那边方向看去)
  销售员:"我是帮您包起来,还是您就穿在身上呢?"
  客户:"包起来吧。"(一边说一边向更衣间走去)
  销售员:"这衣服洗涤的方法有两种:干洗和手洗。如手洗,放少许的柔软剂,轻轻的揉一揉并和水晾干。这样衣服就总是像新的一样。"
  销售员:一边说一边将衣服包起来递给客户说:"谢谢您!祝您在同学聚会上玩得开心!"

引导成交失败案例(请两位学员现场演示)
  书店里,一对年轻的夫妇想给孩子买一些百科读物,销售员过来与他们交谈。以下是当时的谈话摘录。
  客户:"这套百科全书有什么特点?"
  销售员:"你看这套书的装帧是一流的,整套都是这种真皮套封烫金字的装帧,摆在您的书架上,非常好看。"
  客户:"里面有些什么内容?"
  销售员:"本书内容编排按字母顺序,这样便于资料查找。每幅都很漂亮逼真,比如这幅,多美。"
  客户:"我看得出,不过我想知道的是……"
  销售员:"我知道您想说什么!本书内容包罗万象,有了这套书,您就如同有了一张地图集,而且还是附有详尽地形图的地图集。这对你们一定会有用处。"
  客户:"我是为孩子买的,让他从现在开始学习一些东西。"
  销售员:"哦,原来是这样。这个书很适合小孩的。它有带锁的玻璃门书箱,这样您的孩子就不会将它弄脏,小书箱是随书送的。我可以给你开单了吗?"(销售员作势要将书打包,给客户开单出货。)
  客户:"哦,我考虑考虑。你能不能留下其中的某部分比如文学部分,我们可以了解一下其中的内容?"
  销售员:"本周内有一次特别优惠抽奖活动,现在买说不定能中奖。"
  客户:"我恐怕不需要了。"

  (3)游戏总结。
  ✧请参与学员发表感想。
  销售是两个人的事,作为销售者必须根据客户所表达的内容来进行下一步的行动,而不是一味地灌输自己的观点。沟通是相互的,单方面的沟通只会导致失败。

这个推销员的失误之处在哪里?显而易见,该推销员不明白客户购买此书的动机;没有掌握一些产品的介绍技巧;自始至终以自己为主,忽略了客户的感受。客户在选购产品时,都有固定的大方向。顺着大方向满足客户的要求,能使产品介绍、展示更加打动客户的心。如果不明白大方向就要"不耻下问",弄清楚客户关注的利益点。围绕利益点展开,附带一些附加利益的介绍就能成功。

11.1 到嘴的鸭子会飞吗

"战争的目的在于赢得胜利",客户沟通的目的在于赢得交易成功。成交是销售员的根本目标,如果不能达成交易,整个沟通就是失败的。

根据上一章所学的,我们学会如何判断客户的购买信号,从语言提示的信号到肢体语言提示的信号。只要我们能够意识并捕捉到,根据客户表达的信息来对症下药,就能迅速地完成一桩交易。

但是,并不是捕捉到客户表达的信息就能顺利地完成交易,还可能会出现其他的阻碍因素,把这些阻碍的因素一一排除,一桩完美的交易就完成了。

11.1.1 客户承诺的层级

促成交易就是不断在推动客户承诺层级升级。

第一级:心里想买。

表现:一边听销售员讲解,一边点头,面露有兴趣之色,认真阅读产品或者服务的相关资料。

第二级:嘴上说买。

表现:客户认同并赞美产品和服务,在口头上答应了要买,但到最后可能还是没有买。这都是口头承诺的表现。

第三级:书面承诺。

表现:已经签订了书面合同,也有签订了书面合同而不去执行的情况。但是有合同在手,已经占据了主动权。

第四级:交纳订金。

表现:客户已经付了订金把产品或者服务定了下来。但是客户付了订金也不一定会过来提货。不过一般情况下,付了订金之后这桩生意的变数不大。

第五级:全额付款。

◆◆ 客户沟通技巧

表现：促进交易最终所需要的目的就是这个，全额付款。当客户全额付款之后，这桩交易就完成了。

【案例11.1】 数码产品卖场里，一对夫妇想给孩子买一台笔记本电脑，来到笔记本电脑专柜前，导购过来与他们交谈。

导购："是要买笔记本电脑吗？"

客户："是的。这台电脑有什么特点吗？"

导购："嗯，您很有眼光，这款电脑很有特点，可也不一定适合您。您对电脑有什么要求吗？"

客户："是这样的，我的孩子要上初中了，是作为礼物买给他的。一方面希望能促进他学习，一方面不希望他浏览不良网页和沉溺于游戏。"

导购："我明白了，那我向您推荐这款笔记本电脑。钢琴烤漆，有漫画图案，色彩鲜艳，与其他型号和品牌的电脑相比，更符合孩子的心理需求，很多孩子看见这款电脑后，都爱不释手，央求父母来买。如果您买回去，您的儿子一定会非常喜欢，觉得您和其他父母不一样，懂他、爱他。除此之外，我们这款电脑预装了绿色管理软件，能更好地屏蔽掉不良网站，使你的孩子免受不良信息的侵蚀。还有更重要的是，我给您推荐的这款电脑有软件安装管理功能，换句话说，这个电脑上装什么软件和游戏，都是您说了算，没有得到您的允许，谁也装不上。因此，可以有效避免您的孩子沉溺于游戏。这两天报纸上还有这样的报道，因为沉溺于游戏，孩子离家出走，真是让人担心。同时，这款电脑的性能能满足学习工作要求。如果您把这款电脑搬回家，既能让孩子高兴，您也放心。而且这台电脑售价不到4000元，只有3800元，很划算。那我给您开票？"

客户："好的，我们也没有时间再逛。就是它了！"

思考 这个案例中的客户为什么这么爽快地答应了？

案例11.1中的导购正确接收到客户的需求信息，并且根据客户的要求给客户推介了一款最适合的笔记本电脑，赢得了交易。

11.1.2 激发客户需求

如果客户当前的需求不迫切，则其购买的动力不足。在客户觉得需求不强烈时，可以采用一些手段让客户觉得当前需求并不是可以拖延的、应该马上采取行动做出购买决定。

对策有如下几种：

（1）利用 SPIN 销售工具激发客户需求。放大客户的问题，激发客户的购买欲望。暗示客户如果不马上采取措施，他将会接受到不想接受的后果，以促使客户行动。

（2）利用客户产生从众心态或者攀比心态。可以利用客户的从众心态或者攀比心态，指出这个商品或者服务在现在是有多么的热门和流行，指出客户的竞争对手已经购买这个商品或者服务，如果客户不购买，将会在竞争中处于劣势。

（3）利用"客户的客户"带来的压力。指出客户的客户或者客户的合作伙伴已经要求他做出相应的改变，如果维持现状将会失去当前的客户或者是合作伙伴；如果不能根据客户和消费者的要求做出相应的改变，那么就要面临被客户抛弃的危险。

11.1.3　帮助客户深入了解产品和服务

当出现客户对产品或者服务的了解不够深入，觉得还需要再了解一下的情况时，营业员需要做以下几点：

（1）要求对方直接说明拖延的具体原因。客户迟迟不愿意做出决定，是对产品的了解不够还是没有决定权呢？只有真正了解了客户犹豫的原因才能够进行下一步的销售。客户一旦拖延，可以直接对客户说："您到底还有什么需要考虑的呢？"

（2）指出现在是最佳时机，现在购买会有更多的优惠。例如，向客户说："促销活动期间，买一送一，加送小礼品。""买一个手机送一个移动电源。"以种种优惠活动吸引客户。

（3）指出现在是最后的机会，好的产品是限量购买的。用最后的机会来刺激客户购买，暗示客户这是购买产品的最后机会，产品的推出数量有限，想要购买必须抓紧时间。

当客户正在货比三家时，营业员需要明白同样的产品和服务并不是我们一家仅有，所以当客户在货比三家时，或者受到其他选择干扰时，要当机立断。

在和客户会谈时，预先安排一个安静的、相对来说比较独立的环境。除了决策人，拒绝其他无关的人员进入。当干扰的人物出现时，要立刻采取行动，要么让干扰的人离开；要么分出一个人员来专门应对干扰的人；要么就和客户换到一个相对独立安静的新的场所。

但如果客户根本没有购买意愿，提出的问题都是委婉拒绝的借口。遇到这种情况时，还是立刻放弃吧，避免浪费时间。

【案例 11.2】客户："这个冰箱太贵了！"

导购："为什么呢？"

客户："2800 元？不值这么多钱！"

导购："那您有没有注意到，我们这个产品是可以实现零度保鲜的，保鲜期可以长达 7 天。"

客户："这点倒是不错。"

导购："世界杯足球赛就要到了，是明天开幕吧。要是喝着这个冰箱里冰镇出来的啤酒看足球，那才是真过瘾。"

客户："哦，世界杯明天就开幕了吗？来，开票，收银台在哪里？"

思考 这个案例中导购的成功之处在什么地方？

案例 11.2 中的导购成功之处，在于他把产品的价值说清楚了，而且还把客户的需求激发了。有效处理和避免价格的异议，把前期的需求激发、产品价值展示的销售工作做好，而并非一直纠结在议价，就能获得成功。商品的价格永远都是客户最关心最为敏感的问题，但是，现在很多客户抱怨价格高的动机，都是出于心理满足的需要，或客户对产品带来的价值了解得不够清楚；如果客户对产品带来的价值了解清楚之后仍旧无动于衷，那就是客户的需求不够强烈。

11.1.4 来自销售员的阻碍的原因以及对策

很多时候，明明交易时机成熟了，但是销售员迟迟没有提出签约的要求，其基本的原因如下：

（1）害怕被拒绝，会觉得没面子，很伤个人自尊。

（2）一厢情愿的等待客户先开口，认为客户需要就会购买，开口要求客户购买没有必要。

（3）遭到第一次的拒绝之后，就放弃了，把客户的一次拒绝当成是整个销售的失败。

但是作为销售员，被拒绝是家常便饭，要用积极的心态来面对客户的拒绝；同时也说明要达成交易就要经得住客户的拒绝。

【案例 11.3】小王和小刘分别是两个企业管理软件厂商的销售代表，他们同时到某高校销售其高校版学生实训模拟软件。

校方由张老师接待，带两个销售代表做了软件展示，每人 20 分钟。小王首先介绍产品，结果被张老师评价为"还说得过去"。随后，小刘介绍了自己产品的优劣势，可以看得出，张老师和其他老师对产品非常满意，也问了很多问题，小刘也回答得很圆满。

小刘感觉胜券在握，最后说："张老师、各位专家，这样好不好，你们先考虑考虑，一周后，我们两家再来拜访你们，看看你们的决定。"张老师点头答应。说完，小刘叫着小王一起离开了，他不想给小王留下单独和张老师再次沟通的机会。

一周之后，他给张老师打电话的时候，发现张老师因公出差已到外地5天，此事，已全权交由赵老师负责，而和赵老师联系后得知，校方觉得小王推荐的软件物美价廉，符合教学要求，已经签约。小刘方知大意失荆州，追悔莫及。

❓思考 这个案例中的小刘失败在什么地方？

案例11.3中的小刘，本应该促成的交易却在最后时刻失去了，实在是万分可惜。在销售中，前面的工作做得再好，最后不能够达成交易，就等于是白做。所以，要越早签下合约越好，不能给对手留下可乘之机。

11.2 如何抓住到嘴的鸭子

11.2.1 引导客户成交的原则

引导客户成交的原则包括主动提出成交要求和正确识别客户购买的信号。

在发现客户有购买欲望后，就要主动向客户提出成交的要求。许多销售机会是因为促销员没有要求客户成交而失去。

不仅要看准时机，而且还要抓准时机。但是，需要注意的是，每一次的促成成交，形式和语言要不一样，避免让客户觉得有压迫感而引起客户的反感。

准则：不做多余的事。

在客户表示了购买成交意愿之后，不要再喋喋不休，要立刻履行交易手续。画蛇添足反类犬，言多必失。

【**案例11.4**】一天午休的时候，一位销售员来公司销售手机。要是平时，同事会直接把销售员轰出去。所谓来得早不如来得巧，同事李经理的手机正好坏了，打算换一部手机。于是李经理热情地接待了这位销售员。

当销售员说到自己销售的手机具有名片自动识别功能的时候，李经理眼前一亮。随后,销售做了示范,果然好用。这时李经理说:"我这有5盒名片呢,我要扫描到什么时候啊?"销售马上说:"李经理,我现在就给你扫描,一会儿就会好的。"一个小时后,名片全部扫描完,李经理也痛快地掏钱买了这部价格不菲的手机。

❓思考 这个案例给你什么启示?

案例11.4中李经理表示要购买手机,但是觉得扫描名片很麻烦,销售员立刻帮李经理扫描,解决了麻烦,赢得了成交。面对客户的疑问和困惑,只有主动,才能得到客户的赏识和赞同。

购买信号是客户通过语言、行动、表情显露出来的购买意图。客户产生的购买欲望常常不会直言说出,而是不自觉地表露。要时时观察、仔细留意客户流露出来的购买信号。

语言信号:当客户对产品和服务表现出欣赏,或者开始询问售后服务等相关信息的时候,就说明客户已经有了购买的意愿。

例如,"这个产品真的很不错,我儿子肯定会喜欢。""你们可以送货上门吗?保修期大概是多久?"

动作信号:面对销售的讲解,客户频频点头,对着样品一再细看,并且要求操作一下产品,认真看说明,等等,就说明客户已经动心想要购买这个产品。

表情信号:客户带着自然的微笑听销售讲解,眼神诚恳认真,态度友好,等等。证明客户接受了销售的意见,从心里肯定这个产品或者服务。

11.2.2 引导成交的方法

引导成交的方法有:直接要求法、以退为进法、数字成交法、声东击西成交法、激将成交法、二选一成交法六种。

在实际销售中,一些销售员能成功地激发起客户的热情,而且客户已经有了很强烈的购买意愿,但是最终销售员还是没有获得订单,为什么呢?其中有很大一部分原因来自销售员没有向客户提出成交的请求。因此,学会使用直接要求法很重要。

【案例11.5】 小周是某软件公司的销售员,他非常勤奋,沟通能力也相当不错。前不久,公司研发了一种新的财务软件,比起之前的财务软件,性能上有了很大的改进而且价格也不算高。

这时，有一家企业正好要更换财务软件，采购部主任对小周公司的新产品表示十分有兴趣，反复向小周询问了解软件信息。于是小周很热情、详细、耐心地向他介绍，对方表示对产品很满意。在双方聊了3个多小时后，小周并没有向对方索要订单，认为对方还没有对这个产品了解透彻，应该再多接触几次。

几天之后，小周再次和对方联系，同时向对方介绍了一些上次所遗漏的问题，对方很是高兴，就价格问题和他仔细商谈了一下之后，并表示一定会购进。这次之后，对方多次和小周联络，显得非常有诚意。

为了进一步巩固客户的好感和增强客户购买产品的决心，小周一次又一次地与对方接触，并逐步和对方的主要负责人建立起了良好的关系。他想："这笔订单是十拿九稳了。"

然而，半个月过去了，客户采购产品的热情却慢慢地降低了。再后来，客户还发现了他们产品中的几个小问题。这样拖了近一个月后，客户告诉小周他们已经从别的软件公司购买了新的财务软件了。

思考　这个案例给你什么启示？

案例11.5中，小周没有趁热打铁，在对方表示对产品满意时提出要成交，就这样白白错过了一次成功的交易。销售员不要害怕客户的拒绝，请求客户成交时要充满自信，不要认为要把所有的问题全部让客户了解之后才可以达成成交。

如果客户对我们的产品表示非常满意，则可以直接要求成交；如果客户做不了决定时，可以直接问客户："您要不要？如果真的不要，我就走了。"摆出这样子的架势，可以推动客户成交。

在销售处境十分不利的情况下，可以采用以退为进法。在客户明确拒绝销售请求时，可以用诚恳的态度要求客户给我们一个解释，为以后做得更好而获取原因，择机进行二次销售。

【**案例11.6**】销售："王经理，看来让您买我们的财务软件基本是没戏了。但是俗话说得好，买卖不成情意在。做销售，能认识您这样的人，也不枉我来这一趟。明天我就飞回公司总部了。非常感谢之前您给我的帮助和照顾。但是在我走之前，能不能告诉我到底哪里出了问题呢？"

王经理："其实是这样的，我们很多财务人员过去在学校里学的就是你的竞争对手的财务公司的软件，再用他们公司的财务软件，会比较容易上手。"

◆◆ 客户沟通技巧

事后，销售员利用最后的时机，重新做了一个策划书，里面包含了一项免费对财务人员进行封闭式培训的内容。王经理最终购买了该销售员推销的财务软件。

❓**思考** 这个案例中的销售员为什么在最后获得了成功？

案例11.6中的销售员用诚恳的态度，了解了问题所在，并且在最后时刻按客户的要求重新策划和改进，最终获得了客户的信任。

很多时候销售员都会有这样的苦恼：无论态度多么真诚、对产品的介绍多么的全面、服务多么的贴心，客户总是无法完全对我们放心。因此，要学会使用数字成交。

其实这种情况，不仅仅销售员无法理解，就连客户也没办法解释。因此，面对这种难以理解的质疑，销售员不妨运用数据来增加产品的说服力，以打消客户的疑虑。

现在已经有很多商家都意识到数据的重要性。在如今铺天盖地的广告中，很多都运用了这种方法：

××牙膏：在使用本牙膏28天后，我们的牙齿就会……

××精华液：只要一周，就能恢复细胞活性，增加皮肤弹性……

××冰箱：使用我们的冰箱一年，省下的电费就能去马尔代夫3天游……

数据是能让客户增强信心的方法，我们也可以运用一些技巧来增强数据的使用效果。使用数字成交法我们需要做到以下几点：

(1) 尽量使用精确的数据。因为使用的数据越精确，越能受到客户的重视和信赖。也就是说，如果能用明确的数字就不要用大概的数字；如果能用小数点后面的几位数就不要用整数。

(2) 用影响力较大的人或事来做辅助说明。因为想要使我们列出的数据给客户留下更加深刻的印象，销售人员可以借助影响力较大的人或者事件来加以说明，以此来增加客户对我们产品的信任度和重视程度。例如，"××明星一直在为我们的产品代言，而且她使用我们公司的产品已经7年8个月了。" "这是亚运会某个项目指定使用的产品，仅那次亚运会就使用了78542箱了。"

(3) 利用权威机构所出示的数据证明。因为权威机构的证明比一般的事例更有说服力，权威机构基本上是同行业里最专业的，出示的数据是专业性最强的。例如，"本产品经过××协会的严格认证，经过了连续6个月的调查，××协会认为我们公司的产品是完全符合质量标准的……"

声东击西成交法是用另外的一个产品来刺激客户成交，在客户犹豫不决的时候，形成有利于我方合作条件的一个销售策略。这种方法并不是欺骗客户，而是促使客户快速成交，以便省去更多的时间和精力。

【案例 11.7】 一个女孩看中了一条珍珠项链，爱不释手，但是因为价钱的问题，无法做出立刻购买的决定。销售员看到这种情况，在几次要求成交无果后，就从柜台中拿出另外一条项链，对女孩说："如果那条你不满意的话，我向你推荐这一条。这一条也非常漂亮。"

女孩接过销售员推荐的这一条，试戴了一下，效果也很好，这时女孩更加犹豫了。自言自语说："到底那一条更加好一点呢？"

销售员说："我觉得我推荐给你的这条很不错。"

女孩把两条项链反复比较，然后说："我感觉这条项链的珠子不如第一条好。"

"是的，第一条的珠子更饱满，更圆润。"销售员回答。

"造型呢？"女孩接着问。

"我觉得我推荐的这条，造型更漂亮一些。"销售员坚持己见。

"价格一样吗？"女孩又问。

"我推荐给你的这一条要便宜一些。您买的话，比较划算。"

女孩想了又想，然后下决心："我还是要自己选的这一条吧。"

? 思考 这个案例中的销售员是如何说服女孩成交的？

案例 11.7 中的销售员在女孩犹豫不决的时候，拿出另外一条各方面都不如前一条的项链来极力推荐。销售员的本意并不是让女孩换一条，而是让女孩自己来比较，通过对比，来发现前一条的种种优点，从而忽略一直在纠结的价格问题，促成了成交。

但是在运用声东击西法的时候，千万不能让客户看出自己的醉翁之意，要摸准客户的软肋，找到突破口，这样才能攻其不备，促成最后的成交。

激将成交法就是利用客户的自尊心、自强心来促使客户立刻购买的方法。一般是用在销售的最后阶段。如在完整地向客户介绍了产品、成功地引起客户的热情、发出购买请求，客户还是无动于衷或者犹豫不决时，可以考虑使用。这种方法只要使用得当，效果是非常明显的。

【案例 11.8】 一个保险推销员在向一个客户推销保险时，客户对保险产品的情况了解之后，却迟迟不愿意签单购买保险。

保险推销员："现在，很多负责任的先生都会给自己的妻子和儿女买保险。因为他们觉得关爱自己的妻子和儿女是自己最大的光荣和责任，为妻子和

◆◆ 客户沟通技巧

儿女买保险是对他们无限关爱的一种方式。尤其是人身安全保险，它不仅是一种投资，而且体现了一位丈夫对妻子的关爱和呵护，一位父亲对子女的无限挚爱。我遇到过很多先生为他们的妻子和儿女买保险时，都是毫不犹豫地签单，像您这种犹豫不决的，说实话，我见得比较少。"

客户听完之后，仍旧说："还是等一段时间再说吧！"

保险推销员接着说："我想这不是您的真正理由！您是没有把做丈夫和做父亲的责任放到足够高的位置。您要关心他们，就要时刻期望他们平安，而为他们买保险时关心他们平安的重要体现。现在，您的妻子和儿女都没有投人身险，实在看不出您对他们的关爱。"

客户是一位优秀的丈夫、称职的爸爸，听了保险推销员的话，便说："那就买两份保险吧，反正为了他们我也不在乎两份保险的钱。"

保险推销员说："那是，那是，那么我们现在就来填一下投保书吧。"

就这样，这个推销员很快就获得了客户的签单。

思考 这个案例中的销售员是如何让客户成功签单的？

案例 11.8 中，销售员将客户逼迫到如果不签单就成了不负责任、不称职的丈夫和父亲的境地，让客户不得不立刻签单。

不过使用这种方法时，要看准客户有较强的自尊心、虚荣心和好胜心，才能发挥作用，否则很有可能将一桩很有希望的生意逼进了死胡同。而且使用激将法还要确定客户具有购买力，假如客户没有购买力，那么很有可能会把激将法当成台阶顺着下来，导致成交失败。最重要的一点是，使用激将法时要切中要害，但是不能伤害客户的自尊心。

二选一成交法是只在进入成交阶段后，给客户提供两种选择方案，但是无论客户选择哪一种，都是对成交的认可，这个就是二选一成交法的巧妙之处。

在客户犹豫不决的时候，直接提供两种购买决策："您喜欢 A 还是 B？"使客户选择其一的促成方法。

【案例 11.9】 有一次，原一平去拜访某五金行的老板，目的是劝其投保。在听完原一平的自我介绍和拜访目的后，老板说："保险是很好的，只要我的储蓄期满即可投保，10 万、20 万是没有问题的。"

原一平问："那么您的储蓄什么时候到期？"

"明年 2 月。"

"我们不妨现在就开始准备，反正光阴似箭，明年 2 月很快就到了。"

⓫ 促进成交技巧

说完,原一平拿出投保申请书来,一边读着客户的名片,一边把客户的姓名、地址一一填入。客户虽然一度想制止,但原一平就是不停笔。

"反正是明年的事情,现在写写又何妨呢?"

"那好吧。"

"保险金您喜欢按月缴呢,还是喜欢按季度缴?"

"按季度缴比较好。"

"那么受益人该怎么填写呢?除了您本人之外,要写您儿子还是太太?"

"太太。"

剩下的就是保险金的问题了,原一平又试探性地问:"您刚才是讲20万?"

"不,不,不,不能那么多,10万就行了。"

"以您的财力,本可以投保20万的,现在只照您的意思填10万,对吧?"

"20万好了。"

"3个月后我们派人到府上收取第二季度的保险金。"

"那不就是今天就要交第一次的吗?"

"是的。"

于是客户当即交了保金,原一平开好收据,互道再见。

思考 这个案例给你什么启示?

案例11.9中,销售员运用二选一法让客户当即交了保金,说明这种方法能让客户做决定的速度加快,自然而然就成交了。

二选一法是很有成效的促成法,它可以让你在销售过程中减少遭到拒绝的概率。但是采用这种方法的前提是客户有一定的成交意向,销售员一旦察觉客户有成交的意向,应该立刻抓住时机,采用二择一的方法,可以对产品购买的数量提供选择,也可以对选购产品的质量、颜色等方面提供选择,促成成交。

延伸阅读

AIDA 理论[*]

销售中的 AIDA 理论,也被称为"爱达"公式,这是西方推销学中的一个重要理论,在销售实践中得到了广泛的应用。AIDA 中的四个字母分别代表以下几个方面的内容:

---

[*] 引自凡禹:《销售知识全知道》,华中科技大学出版社2012年版,第291—292页。

◆◆ 客户沟通技巧

Attention——吸引客户的注意;
Interest——引起客户的兴趣;
Desire——刺激客户的购买欲望;
Action——让客户采取行动。

这四个方面的内容也是客户做出购买决定的逻辑过程。一位成功的销售员,首先必须把客户的注意力吸引或转移到产品上,使客户对销售员所推销的产品产生兴趣,从而产生购买的欲望,进而再促使其行动,购买产品,达成交易。

1. 吸引客户的注意

上述理论中的第一个词是"注意(attention)"。销售员在面对客户推销时,首先要引起客户的注意,要打破客户占主导地位的局面,让他将注意力集中在你所说的每一句话和你所做的每一个动作上。

在快节奏的现代生活中,人们往往都很忙碌,而且你的拜访通常被称为来自工作之外的干扰。那么,如何集中客户的注意力呢?你可以采用以下方法。

(1) 保持与客户目光接触。眼睛看着客户,不仅是一种礼貌,也是销售成功的要素。要让客户从你的眼神中看到真诚,只要客户注意了你的眼神,他定会把注意力放在你身上。

(2) 向客户提出问题或想法。不管你从事何种产品的销售,都要设计出一个问题或者一番话来引起潜在客户的注意,你的问题或想法一再表明你的产品或者服务可以很好地满足客户的特殊需求。

2. 引起客户的兴趣

上述理论中的第二个词"兴趣(interest)"。如果让客户能够满怀"兴趣"地听你的产品介绍,无疑说明客户在一定程度上认同了你的产品或服务,你的推销就向成功迈进了一步。

好奇之心人皆有之,客户对了解新产品和新服务有着浓厚的兴趣,但仅仅有兴趣是不够的,你的介绍和演示还必须和客户的需求结合起来,从而才能引起他对产品的认同。

引起客户的兴趣属于推销的第二个阶段,它与第一个阶段是相互依赖的,集中了客户的注意力,才能引起客户的兴趣,而客户有了兴趣,他的注意力才会越来越集中。

3. 刺激客户的购买欲望

上述理论中的第三个词是"欲望(desire)"。也就是说,当客户觉得购买产品所获得的利益大于所付出的费用时,他就会产生购买的欲望。因此,让客户认识到产品的积极作用,就是你成功实现销售的关键。

在大多数情况下，产品可以激发客户的购买欲望的原因有：

增加收入或节约资金；有更高的性价比，更为方便；流行、时尚，令人羡慕；可改善自己在生活或工作中的状况。

在这个过程中，销售人员应该做的是找到产品的性能和潜在客户购买欲望的结合点，说服客户，让他相信你的产品可以让他得到这些方面的满足。

4. 让客户采取行动

上述理论中的第四个词是"行动（action）"。推销的最终目的是让客户购买产品，在这个环节你要让客户做出明确的购买决定，这样你就完成了整个销售过程。

有些销售人员在向客户介绍产品的过程中，可能会打乱这四个步骤的顺序，或者忽略掉其中的某一部分，这样即使每个部分都是正确的，次序乱了，也不能起到任何作用。

因此，如果你想成为顶级的销售专家，就应该在这四个方面多多努力，多练习和使用，直到能将它们运用自如。

后　　记

本书作者长期奋战在教学第一线，具有丰富的客户沟通实践工作经验。本书根据作者多年的教学实践和工作经验总结、提炼、整理编纂而成。本书中的素材和案例大多源于作者的一线教学工作实践，特别是很多趣味小游戏都已通过了课堂的检验。

本书介绍的实战技能，对提高客户沟通实战能力很有帮助，是读者理解和掌握客户沟通的技巧的精华部分。无论对于在校大学生还是职场人士，都有很强的指导意义。

本书由顺德职业技术学院华婷、刘艳桃编著。在编写过程中得到了顺德职业技术学院经济管理学院、教务处以及学校领导的大力支持和 2011 级工商企业管理 2 班和 3 班同学的积极帮助。在写作过程中还得到了其他从事一线教育的老师的帮助，在此一并致谢。

由于时间仓促和作者水平有限，书中难免存在不足甚至错误之处，恳请读者批评指正！

编者

2013 年 7 月

参 考 文 献

[1] 许肖辉. 倾听是一种艺术［M］. 北京：北京工业大学出版社，2009.

[2] （美）达里尔·多恩，等. 客户服务培训游戏精选［M］. 廉晓红，译. 北京：电子工业出版社，2004.

[3] 刘进，李文义. 顾客凭什么购买：销售必须答对的 7 个问题［M］. 北京：北京大学出版社，2012.

[4] 文义明. 销售冠军就该这样修炼［M］. 北京：印刷工业出版社，2011.

[5] （美）保罗·切利. 提问就是销售力［M］. 潘晓曦，译. 北京：中国人民大学出版社，2012.

[6] 张春蓉. 销售是个好职业［M］. 北京：企业管理出版社，2008.

[7] （美）弗尼斯. 客户沟通 24 原则［M］. 李新英，译. 北京：中信出版社，2004.

[8] 凡禹. 销售知识全知道［M］. 武汉：华中科技大学出版社，2012.

[9] 陈企华. 怎样看透顾客的心［M］. 北京：中国纺织出版社，2003.

[10] 王宇. 把话说到别人心里［M］. 北京：北京西苑出版社，2007.

[11] 宋学军. 说话可以很艺术［M］. 北京：中国旅游出版社，2006.

[12] 肖占鹏. 心理学［M］. 北京：高等教育出版社，2009.

[13] 高彦杰. 服务客户的 56 准则［M］. 北京：中国经济出版社，2006.

[14] 李国冰. 客户服务实务［M］. 重庆：重庆大学出版社，2005.

[15] 周小来. 超级导购——打造卓越导购的 52 条法则［M］. 北京：清华大学出版社，2008.

[16] 安贺新. 推销与谈判技巧［M］. 北京：中国人民大学出版社，2006.

[17] 张浩宇. 读懂顾客［M］. 北京：北京工业大学出版社，2004.

[18] 李金伟. 金牌推销员的 101 个成交秘诀［M］. 北京：中国长安出版社，2009.

[19] 肖建中. 销售人员十项全能训练［M］. 北京：北京大学出版社，2005.

[20] 黄开耿. 成交每一单——销售的 39 个绝招. 北京：化学工业出版社，2008.